스리랑카,
하늘과 땅 그리고 사람

스리랑카, 하늘과 땅 그리고 사람

초판 발행 2018년 3월 12일

지은이 | 안한준
펴낸이 | 박종태
펴낸곳 | 비전북
출판등록 | 2011년 2월 22일(제96-2011-000038호)

마케팅 | 강한덕 이재웅
관리 | 정문구 정광석 강지선 이나리 김태영
주 소 : 경기도 고양시 일산서구 송산로 499-10(덕이동)
전 화 : (031) 907-3927
팩 스 : (031) 905-3927

책임편집 : 드림북
표지디자인 : 최승협
본문디자인 : 민상기
인쇄·및 제본 : 예림인쇄

공급처 : (주) 비전북
전 화 : (031) 907-3927
팩 스 : (031) 905-3927

ISBN 978-11-86387-

스리랑카,
하늘과 땅 그리고 사람

안한준 지음

비전북

책 머리에

스리랑카로의 이주를 망설이던 가족들을 이끌고 이곳에 처음 발을 디딘 이래로 25년의 세월이 흘렀습니다.

스리랑카에 살면서 신앙인으로, 선교사로, 또 기업인으로 주변에서 보고 느낀 것들을 시간이 날 때마다 틈틈이 적어 보았습니다. 이 모두를 책으로 정리한다면 아마도 다섯 권 분량은 될 것입니다.

글을 쓰는 사람이 아니기에 글 솜씨가 있는 것도 아니요, 그렇다고 무슨 특정 주제가 있어서도 아니었습니다. 한국에서보다는 시간적 여유가 조금은 있는 편이고 살면서 익숙해왔던 환경과는 전혀 다르다보니, 이 땅에서 이런 저런 모양을 보고 마주하며 느끼게 된 생각들을 적어두었던 것입니다. 오고 가는 길에 만났던 집주변 풍경이나 선교 현장 등을 담아둔 사진들과 함께....

그간 주변의 지인들 몇 분하고만 나누어 왔던 것인데, 이러한 기억의 일면들을 정리도 해볼 겸, 책으로 만들어 다른 분들과도 함께 나누어 보았으면 하는 마음이 불쑥 일었습니다.

부족한 글을 출판할 수 있도록 격려해주시고, 처음부터 끝까지 조언을 아끼지 않으신 비전북의 박종태 장로님과 민상기 실장님께 감사드립니다.

스리랑카, 그곳의 하늘과 땅, 그리고 사람들에 관한 단편들입니다. 이런 사연들을 여러분들과 함께 나누고 나아가 스리랑카에 대한 관심을 촉구하는 작은 도구가 되었으면 하는 바램을 담아봅니다.

부족함을 사랑으로 감싸주시고, 많은 격려 부탁드립니다.

2018년 2월에

안한준

차 례

2부 가족과 사람 이야기

3부 선교현장과 성경의 가르침

1부
자연에서 배운다

개미 가족의 소풍

새싹을 보고 있다가 개미 가족의 나들이를 보고 한 컷 눌렀습니다.

화창한 날씨와 움트는 새싹, 그리고 개미 가족의 소풍이 한데 어우러져

마치 동화나라에라도 온 듯 마음이 편안하고 따스해져 옵니다.

숙명

갇은 한 나무에서 자신과 함께 동고동락하던 나뭇잎에 떨어진 낙화입니다. 꽃은 이제 제 사명을 다 하고 제 길을 떠나갑니다.

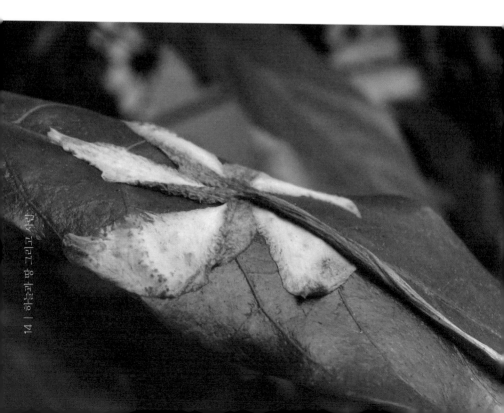

하지만 잎은 앞으로도 한 동안 더 살아갈 것입니다. 그의 길은 그러하니까요.

꽃은, 잎은, 줄기는 제각각 주어진 사명을 다하며 제 갈 길을 갑니다. 건강한 그것들이 합해져 아름다운 한 그루의 나무가 됩니다.

나는 지금 잎일지 모릅니다. 하지만 나이가 더 들면 나 역시 꽃이 가는 길을 가게 되겠지요.
가정과 교회, 그리고 사회라는 각 공동체의 한 지체로서 나 자신 내가 할 일과 갈 길을 잘 알아차리고 있는지 모르겠습니다.

다람쥐의 고심

귀엽게 생긴 다람쥐가 한 마리가 '보암직도 하고 탐스럽기도 한', 알록달록 먹음직한 열매들이 목전에 푸짐하게 널려 있지만 선뜻 달려들지 못하고 어찌 할까 고심하고 있는 모습이 역력합니다.

그 뒤에 저와 큰 눈(카메라)이 지켜보고 있기 때문입니다.

아담과 하와는 하나님의 눈을 짐짓 모르는 체, 고심하지도 않고 그냥 먹어 버렸다지요?

남미 어느 한적한 바닷가에서 있었다는 이야기입니다.

도시에서 온 어느 부자가 호화 요트를 정박하고 해변을 거닐다가 마침 야자수 그늘 아래에서 하늘을 보고 드러누워 쉬고 있는 어부를 발견합니다.

그 부자는 한심하다는 듯이 묻습니다.

"여보시오, 이 금쪽같은 시간에 왜 고기 잡으러 안 나가시오?"

"아, 네. 오늘 몫은 넉넉히 잡아 놨습니다."

"아니 그렇게 시간이 있을 때 좀 더 잡아 놓으면 좋지 않습니까?"

"그래서 뭘 하게요?"

"돈을 더 벌어 큰 배와 그물을 사고 더 깊은 데로 가서 더 많이 잡고, 그러다 보면 나처럼 부자가 되지 않겠소?"

"그렇게 해서 큰 부자가 되면 뭘 합니까?"

"뭐요? 아니, 그렇게 되면 편안하고 한가롭게 삶을 즐길 수 있잖소."

부자의 말에 어부는 이렇게 답합니다.

"바로 지금 내가 그렇게 즐기고 있잖소?"

진정한 행복과 삶의 질이란 어떤 것일까에 대해 시사해 주는 이야기입니다.

많은 사람들은 행복해지려고 돈을 법니다.
그런데 돈을 벌면 벌수록 불행해지니 어찌 해야 하나요?

2천 년 전 사도 바울의 말을 생각해 봅니다.

"우리는 아무 것도 세상에 가지고 오지 않았으니 아무 것도 가
지고 갈 수 없다는 것도 확실합니다. 우리는 먹을 것과 입을 것
이 있으면, 그것으로 만족해야 합니다. 그러나 부자가 되기를 원
하는 사람은 유혹과 올무와 여러 가지 어리석고도 해로운 욕심
에 떨어집니다. 이런 것들은 사람을 파멸과 멸망에 빠지게 합니
다. 돈을 사랑하는 것이 모든 악의 뿌리입니다. 돈을 좇다가 믿
음에서 떠나 헤매기도 하고, 많은 고통을 겪기도 한 사람이 더러
있습니다."(딤전 6:7-10, 표준새번역)

아담과 하와도 그랬거니와, 사람들은 왜 욕심으로부터, '육신
의 정욕과 안목의 정욕과 이생의 자랑'으로부터, 또는 '먹음직도
하고 보암직도 하며 사람을 지혜롭게 할 만큼 탐스러운 것들'로
부터 자유하지 못하고, 아니 알면서도 모르는 채 어물쩍 딴전을
피며 살고 있을까요?

인간이 다람쥐만도 못한 것인가요?

빨강, 초록, 그리고 검정

빨강, 초록, 검정의 조화가 신비롭기만 합니다.
보잘것없는 나무일지라도, 보잘것없는 풀이나 풀벌레일
지라도 민감성을 가지고 본다면, 그 안에 숨겨져 있는 많은 아름
다움을 발견할 수 있다는 것을 조금 알게 되었습니다.

그럴 수 있다면 다른 이들보다 더 많은 아름다움을 보며 살 수
있다는 말이 되지 않을까요?

그것도 하나의 성숙해가는 과정일 수 있지 않을까요?

마음이 아름다운 사람들의 눈에는 늘 아름다운 것들이 보인다
고 합니다.

나는 그리 아름다운 마음을 소유하고 있진 않지만, 앞으로라
도 행여 챙겨볼 수 있을까 하는 강한 소망을 가지고 눈에 잘 띄
지 않는 자그마한 아름다운 것들에 요즘 신경을 좀 쓰고 있는 중
입니다.

여러 가지 이유가 있겠지만, 사람들의 마음이나 경제 상황 가
릴 것 없이 요즘 세상이 하도 삭막해져서, '내 곁에 이처럼 아름
다운 것들이 많이 있는데…' 하며 함께 나누고, 혹 마음에 닿아
우리네 마음을 조금이나마 부드럽게 하는 역할을 할 수 있었으
면 하는 작은 소망을 가져 봅니다.

자연은 자연스럽다

이름 모를 작은 풀벌레와 빗방울들이 한데 어울려 장관을 연출하고 있습니다. 이 사진을 보면 마음이 평안해져 옵니다.

자연은 카리스마가 있습니다. '카리스마'란 원래 하나님께서 허락하신 은사라는 의미의 신학 용어인지 모르지만, 요즘에는 그저 보통 명사로 많이 쓰입니다. 남들이 갖지 않은 어떤 범접할 수 없는 기운, 또는 능력을 의미하는 것 같습니다.

그게 맞는다면 원래 의미와 거의 동의어로 사용되는 것으로 보입니다.

그런 뜻에서 보면 모든 피조물에는 제 각각의 카리스마를 가졌다고 볼 수 있지 않을까요?

그런데 사람들은 마구 그것을 범하며 살아갑니다.

인간도 포함된 그것들의 총합인 자연의 카리스마를 마구 헤치며 살아갑니다. 마구….

모두들 이처럼 서로 어우러져 살면 좋을 텐데...

다람쥐의 아침 식사

어느 휴일, 아침 식사를 하고 있는 다람쥐를 만났습니다. 넓은 풀밭을 놓아두고 돌판 위에 상을 차린 것을 보며 피식 웃음이 나왔습니다. 그날 그 다람쥐의 메뉴는 작은 꽃을 피우는 들풀이었습니다. 식탁(?)에 놓인 풀에 이미 꽃이 꺾여 나간 것이 보입니다.

자신의 배를 불리기 위해서는 다른 누구의 희생이 뒤따라야 하는 것이 세상 이치인가 하는 생각을 해 보았습니다.
나도 누굴, 아니면 무언가를······.

쉬파리는 휴식 중

쉬파리입니다.

"쉬파리 무서워 장 못 담글까!"

"쉬파리처럼 아는 것도 많다!"

쉬파리와 관련해서 우리에게 익숙한 속담들이 많습니다.

쉬잉! 쉬잉! 잘도 싸돌아다니며 여기저기 집적대는 속성 때문
일 것입니다.

그런데 나불대기를 그치고 휴식 중인 쉬파리를 만났습니다. 얼마 전 으슥한 곳 잎사귀에 수십 마리는 족히 될 듯한 한 무리의 쉬파리 떼를 만난 것입니다. 주어진 삶의 질서를 지키고 있는 모습일 터입니다.

밤과 낮을, 겨울과 여름을 만드시고 쉬어 가라 하시는데, 앞만 보고 쉴 새 없이 바쁘게 사는 이들이 너무 많이 있습니다.
사탄이 가장 좋아한다고 합니다.

개미의 조반

개미가 아침 식사를 합니다.
나무의 새로운 싹은 진딧물이 그 진액을 취하는 것 같고, 그렇게 해서 자란 진딧물은 개미의 식사가 되나 봅니다.
자연의 순환계를 봅니다.

사람은 어디서 무엇을 얻고,
누구에게 무엇을 주며 살까요?

잔디와 잡초

스리랑카에 있을 때면 주변을 좀 근사하게 가꾸기 위해, 그리고 조용한 묵상의 시간을 갖기 위해 매일 잡초를 뽑곤 합니다. 매일 반 시간 가량 뽑고 자르고…….

잔디도 보호하고, 정신 건강에도 좋을 테고, 땀을 흘리니 운동도 됩니다.

그러는 동안 여러 가지를 배우게 되었습니다.

잡초란 정말 무서운 존재입니다.

패랭이, 민들레, 미모사(신경초)들의 번식력에 놀랐습니다.

그들이 잔디밭에 한 번 발을 들여 놓으면, 우선 그 앉은 자리에서부터 땅뺏기를 시도하여 신속히 영역 확보에 들어갑니다. 일단 그 주변이 확보되면, 그 이후부터는 여러 가지 방법으로 번식을 꾀하여 민들레과의 식물이나 미모사와 같은 경우에는 참으로 걷잡을 수 없는 속도로 번져 나갑니다. 꽃이 한번 피면 씨앗을 그 자리에서 그야말로 '와르르' 쏟아내는 것입니다. 그리고 홀씨들은 바람을 타고 이리 저리 날아다닙니다. 아무도 예측할 수 없는 곳에 내려 앉아 거기서 또 공격을 시작하며 영역 확대를 꾀합니다.

뽑아낸다고 애를 써 보지만······.

잡초를 뽑아 낸 그 자리에 그 옆의 잔디가 되차지하기를 바라며······.

하지만 어림도 없습니다!

나 혼자 힘으로는 그 왕성한 번식력을 감당하기도 어렵거니와, 뿌리째 뽑지 아니 하면, 그 자리에서 계속 싹을 틔우기 때문에 뿌리까지 완전히 제거해야만 합니다. 더구나 잘린 뿌리에서는 하나만이 아니라, 한꺼번에 여러 개의 가지가 싹을 틔웁니다.

형편이 더 나빠지는 셈이 됩니다.

그런데 뿌리가 잘 뽑히지 않게 되어 있습니다. 그것은 그들만의 생존 방법일 것입니다. 여간 정성을 쏟지 않고는 뿌리 위 줄기에서 잘라지게 되어 있습니다.

거기다가 다른 잡초들의 성장 속도가 잔디의 성장 속도보다 훨씬 빠릅니다.

그런 것들을 보며 성경에 나오는 일곱 귀신 얘기를 생각해 봅니다.

바로 이것이로구나!

내 마음도 마찬가지입니다.

과연 청소만 하고 끝나서는 안 됩니다. 지속적인 사후 관리가 뒤따라야 하며, 선한 잔디로 그 자리를 채워놓아야 하는 것입니다. 그렇지 않으면 전에 있던 귀신은 물론, 숫자를 더하여 금방 일곱 귀신이 들어와 자리 잡게 됩니다. 상황은 더 나빠지는 것입

니다.

어떤 사람이 집을 팔려고 내 놓았습니다.

어느 가난한 사람 하나가 무척 그 집을 사기 원했습니다. 그러나 가난하여 제 값을 주고 살 수가 없는 형편이었습니다. 결국 흥정 끝에 집주인은 반값에 집을 팔기로 했습니다. 그 대신 단서를 하나 붙였습니다. '문설주 위에 박혀 있는 커다란 못 하나만 내 소유로 그냥 놓아두고 사가라'는 것이었습니다. 이에 그까짓 못 하나쯤 하며 별로 대수롭지 않게 여긴 그 가난한 사람은 그 못을 제외하고 집을 사게 됩니다.

그런데 어느 정도 세월이 흐른 후의 일입니다.

옛 집주인이 그 집을 되사기 위해 찾아옵니다. 하지만 현 주인은 당연히 아니 된다며 팔기를 거절합니다. 그러자 옛 주인은 그러면 문설주 위에 박혀 있는 못만큼은 내 것이니 내 마음대로 해도 되지 않느냐고 묻습니다. 현 주인은 집을 살 때의 그 단서에 생각이 미처 그건 괜찮다고 말합니다.

이에 옛 주인은 잠시 뒤 죽은 개의 시체를 가지고 다시 나타나, 아직 자신의 소유인 문설주 위의 그 못에 그 시체를 매달아 두고 갑니다. 당연히 주인은 이게 무슨 짓이냐며 화를 내지만, '내 못인데 당신이 무슨 상관이냐?'는 전 주인의 말에 속수무책이 됩니다.

그 집은 점차 그 죽은 짐승의 썩는 냄새로 살기 어려운 곳으로 변하게 되었고, 결국 견디다 못한 그 집의 가족들은 그 집을 원

주인에게 되팔고 맙니다.

이처럼 우리 삶의 아주 작은 부분이라도 잡초에게 내어주면 그 녀석은 다시 와서 우리 집에 썩은 쓰레기들을 매달아 놓습니다. 적에게 우리 삶의 작은 못 하나라도 접근할 수 있게 한다면, 결국 그것이 우리를 아주 위험한 순간으로 몰아넣을 수 있습니다.

우리 삶의 현관에 그러한 못이 하나 박혀 있지는 않습니까?

그 못을 적에게 빌려주고 있지는 않습니까?

나의 삶 전체를 버리게 할 수도 있는!

내 마음의 이 잡초들을 어찌 해야 하나요?

국화의 기다림

'**한** 송이 국화꽃을 피우기 위해 봄부터 소쩍새가 그리도 울었나 보다'라는 서정주 시인의 시구(詩句)가 생각납니다.

국화는 이처럼 봉오리만 맺힌 채 매우 오랜 시간을 기다립니다.

그런데 요즘엔 딱히 가을이 아니라도 국화를 볼 수 있습니다.

소쩍새가 바빠졌는지도 모르겠습니다. 아니면 울 필요가 없어졌는지도...

나는 참을성 없이 뭘 후딱 해치우려는 좋지 않은 버릇이 있습니다.

'기다림'이란 즐겁지만은 않습니다.

물론 즐거운 기다림도 있겠지만, 많은 경우의 기다림은 지루하고 짜증이 나게 마련입니다. 유난히 나만 참을성이 없어 그런지도 모르지만, 정도의 차이는 있을지언정 다른 이들 역시 '무턱대고' 기다리는 것을 그리 즐거워하지 않으리라 생각됩니다.

그런데 그런 기다림이 그리 지루하지도 않고 괜찮은 경우도 있습니다.

재미있는 친구나 또는 사랑하는 애인과 함께라면 기다림의 무료함을 없앨 수 있습니다. 만화, 비디오 등과 함께 냉커피라도 한 잔 서비스하는 업소라면 기다릴 만도 할 것입니다.

믿는 자들은 기약 없는 기다림 속에 사는 존재들입니다.
모두 기다리는 자들입니다.
그분의 다시 오심을!
이제까지도 기다려왔고, 앞으로도 언제가 될지 모를 그 날을 기다리며 살아야 하기에…….
그러기에 심심할 때도 있습니다.
기약 없음에 짜증이 날 수도 있을 것입니다.

하지만 '믿는 자'들의 기다림은 기쁘고 즐거운 기다림이어야
합니다.

오~, 그럴 수만 있다면 얼마나 좋겠습니까!

그런데 예레미야애가 3장 25절을 보면, 하나님께서도 위의 업
소처럼 당신을 기다리는 우리에게 '무한 리필' 서비스를 하신다
고 말씀합니다.

"기다리는 자에게나 구하는 영혼들에게 여호와는 선하시도
다!"

영어 성경을 보면, 기다리는 자의 '기다림'이나 하나님의 '베푸
심'이나 모두 현재형으로 되어 있습니다.

하나님께서는 지금 나에게 선을 베풀고 계십니다. 즉 지금 이
시각에도 나에게 서비스하고 계신다는 말입니다.

그분의 답을 기다리는 동안 이스라엘 백성들은 얼마나 지루해
하며 살았습니까! 400년, 70년 등 '정한 때'까지 분명하게 밝혀
주셨음에도 그들은 참지 못하고 지루해 했던 것을 보면, 과연 기
다림이란 지루하기 짝이 없는 것임을 알 수 있습니다.

불평하느라 하나님의 서비스를 거절한 탓입니다.

나도 그분의 서비스를 외면하고 사는 때가 많습니다. 서비스
를 받을 시간을 내지 못하고(정확히 말하면 '내지 않고'가 맞습니

다) 사는 때가 많습니다.

　하지만 위의 업소처럼 그를 기다리는 우리에게 베푸시는 하나
님의 서비스를 만끽할 수만 있다면, 그 기다림은 기쁘고 신명 나
는 기다림이 될 것입니다.
　짜증을 내며 울화통을 터뜨리며, 바쁜 마음으로는 그분과 함
께 할 수 없습니다. 즐거운 기다림을 기대할 수도 없습니다.

　즐거운 기다림이 될 수 있도록 그분의 서비스를 받읍시다!
　대체 무슨 서비스를 하실까 궁금하지도 않습니까!?
　시간을 좀 내 보도록 합시다!

　오늘은 말 없는 국화로부터 한 수 배웁니다.

까마귀의 의리

오래 전 적어 둔 글입니다.

한 무리의 까마귀들이 나로 하여금 한참 동안이나 상념에 젖게 하였습니다.

한국 사람들한테는 까마귀가 썩 유쾌한 인상을 주지 못하는 것으로 알고 있습니다. 그런데 스리랑카 사람들은 이 새를 상서로운 동물로 여기는 듯합니다.

왜 그럴까요?

다음과 같은 그들의 아름다운 마음 씀이 혹 그 답이 될 수 있을지 모릅니다.

어제 사무실 앞마당에서는 난데없이 수많은 까마귀들의 합창(?)이 있었습니다. 호기심으로 즉시 뛰어나가 보았습니다.

어! 웬일일까? 수백 마리의 까마귀들이 몰려와 울부짖고 있었습니다.

물론 평소에도 어디든지 자유롭게 왕래하고 있는 그들이니만큼, 어제라 하여 그들의 출현이 의외일 수는 없습니다. 이 나라는 까마귀의 천국이라 해도 과언이 아닐 테니까요.

하지만 어제는 그저 몇 마리 정도가 아니라 수백 마리는 족히 될 법한 무리였습니다. 가까이 가 보았습니다.

'오호, 애재라!'

거기에는 아기 까마귀 한 마리가 피를 흘린 채 죽어 있었던 것입니다. 전선에 감전되었는지, 혹 누구의 테러공격을 받았는지 (이 나라는 테러가 흔하니까), 혹 아직 아가라서 그 움직임의 미숙함으로 인한 실족 때문이었는지 정확한 사인은 알 수 없었으나, 아무튼 목이 부러진 채 땅바닥에 죽어 널브러져 있었던 것입니다.

나는 그 모임이 친구의 죽음을 애도하기 위한 것임을 알았습니다. 그들은 인근 각처의 연락 가능한 가족, 친지 그리고 동무들에게 서로서로 기별을 했을 것입니다. 그리고 기별 받은 '모두'(연락 가능한 모두라고 말하고 싶습니다)는 한 마리도 빠짐없이 찾아 왔을 것입니다.

친구의 주검을 앞에 놓고 애도하기 위하여……

나는 알아들을 수 없었지만, 혹 장송곡이라도 부르고 있는 중이었는지 누가 알겠습니까?

그래서 그런지 평소와는 달리 그들의 울음이 어딘지 모르게 애조를 띤 것 같기도 하고, 어쩌면 분노를 띤 것 같기도 하다는 느낌을 받았습니다.

과장일까요?

사람들이 다가가도 좀체 흩어질 기미를 보이지 않았습니다.

애도의 부르짖음을 조금도 멈추려 들질 않았습니다.

　마당 한켠에 잘 묻어 주었습니다. 그리고 나서야 비로소 그들은 물러났습니다.

　참으로 의리 있는 동물이라고 느꼈습니다. 정말이지 인근에 있던 모든 까마귀들이 다 몰려왔다고 나는 믿습니다.

　사람이라면 그러지 않았을 것입니다.

사람들은 도대체 이유가 많고, 극히 형식적이지 않습니까?

아니 요즘은 기별을 받고도 오지 않는 이들이 많습니다.

설혹 오더라도 어제 그 까마귀들처럼 그리 함께 슬퍼하지도 않습니다. 분(忿)해 하지도 않습니다.

"즐거워하는 자들과 함께 즐거워하고, 우는 자들과 함께 울라"(롬 12:15).

하지만, 인간은 갈수록 '더불어 나누기'를 망설입니다. 그러다 보니 점점 더 서툴어만 갑니다.

혹 두렵지만, '우는 자들과는 할 수만 있으면 거리를 두자' 하고, 즐거워하는 자들을 대하여는 그들의 즐거움을 시샘하며, 더 나아가 혹 '그것을 빼앗자' 하지는 않습니까?

어제는 참 운수 좋은 날입니다.

평소 하찮게 여겨오던 까마귀들한테서까지 한 수 배울 수 있었으니……

두 아가

쌍둥이 새 새끼들입니다. 새 이름은 모르겠으나 아주 작은 새였습니다.

사진 찍으려니 행여 제 새끼들에게 해코지라도 하는 줄 알았는지, 어미 새가 난리를 치는 통에 알게 되었습니다.

좀 추워 보이는 것 같기도 하고, 어찌 보면 두려워하는 것 같기도 했습니다.

곧 부딪쳐야 하는 미지의 세상이 두려운 것인지?

사람의 기척이 두려운 것인지?

날씨가 추운 것인지?

아닐 것입니다. 그건 사람의 눈으로 본 탓입니다.

이들은 이내 본디 디자인된 그대로 그들의 삶을 살아갈 것입니다.

"무엇을 먹을까 무엇을 마실까, 그리고 내일 일을 앞당겨 염려하지 않으며!"

불만도, 욕심도 없이…

방해만 없다면…

얘들아, 잘 살거라~!

음~ 녀석들, 귀엽군!

순결

비온 뒤 물을 머금은 화초들이 청아합니다.
찬찬히 들여다보면 이처럼 아름답기 그지없음에도 작은 꽃이기에 무심코 지나치기 십상입니다.

그래서 장미는 꺾이지만 이들은 꺾이지 않습니다.

두드러지면 꺾이기 쉽습니다.

아무튼 손이 닿지 않은 청아함이 사람의 마음까지 청아하게 만들어 주는 듯합니다.

이처럼 작은 것들이 자주 우리를 놀라게 합니다.

낙엽

가을이 되면 나무에는 낙엽이 생기고, 나무들은 어김없이 그것들을 벗어내는 작업을 합니다(물론 상록수도 있지만, 상록수도 옷을 갈아입는 건 마찬가지입니다).

그 낙엽들은 옛 옷이 되어 벗어내게 됩니다.
그리고 봄이 되면 다시 일제히 새 순을 틔우며, 나무들은 저만치 자라납니다.
잎이 지지 않는 채로 항상 그대로인 나무가 있다면, 성장을 멈춘 나무이겠지요. 그 잎 그대로만 아끼고 간직한다면…….
나무들은 그렇게 자라는 것이었습니다.

그런데 오늘은 이런 생각을 해 봅니다.
나무들은 자신의 몸의 일부였던 잎사귀들과 헤어질 때 얼마나 고통스러울까요?
비록 낡았다고는 하지만, 내 신체의 일부가 떨어져 나가는 셈 아닌가요!
살을 에는 것과도 같은 아픔 아닐까요?
하지만 그들은 때가 되면 용기를 내어 그것들과 결연히 작별을 고합니다.

새로운 모습으로 자라나기 위해서 그 고통을 감내하는 것이지요…….

사람도 마찬가지일 것 같습니다.

사람도 내 안에 있는 쓸모없는 낙엽들을 버려야 합니다.

예를 들어 불신, 바람직하지 못한 버릇들, 위선, 게으름, 교만, 자고함….

비록 커다란 고통이 따를지라도 말입니다.

그리할 때 우리도 저들 나무처럼 자라날 수 있을 것입니다.

우리네 삶에는 소중한 것들이 많습니다.

그런데 그렇게 소중한 것들 중에 가장 소중한 것이 무엇일까요?

어차피 소중하다 해서 모두 행하거나 지키거나 하며 살 순 없을 테니, 그 중 가장 소중한 것을 찾아 그것부터 제대로 감당해나간다면 자라나는 삶, 또는 바로 사는 삶이 되지 않을까요?

'자기 자신의 아름답고 순수한 본성을 지키는 일'이 바로 그 가장 중요한 것에 해당할 것입니다. 그리고 그 본성의 바탕 위에 자신의 내면에 숨겨진 가능성을 차분히 살펴 그것들을 실현해나가는 것!

영어에 '신발을 신는다'는 뜻으로 쓰이는 boot란 단어가 있습니다. 이 단어에 의미를 부여하여 "Re-boot yourself."란 말을 쓰기도 합니다. '네 신발을 새롭게 고쳐 신으라.'는 뜻입니다. 익숙하지만 낡은 신발을 벗어 버리고 자신의 아름다운 본성에 맞추어 오직 자신만의 새로운 것으로 바꿔 신는다는 뜻입니다. 자신의 본성을 지키며 자신 내면에 숨겨져 있는 가능성을 실현해나갈 때 참된 행복이 깃들게 될 것입니다.

성경도 우리에게 옛 옷을 벗으라고 권면합니다.

낙엽을 보다 너무 멀리 지나쳐 왔나요?
(사진은 스리랑카의 낙엽입니다. 열대지방이라 사방이 녹색이지만, 나무들은 각자 자기들의 때에 잎을 갈아줍니다.)

오리는 헤엄도, 뛰기도, 날기도

오리는 물살을 가르며 헤엄칠 수도 있고, 들판을 뛰어갈 수도 있으며, 하늘을 날 수도 있습니다.

물고기는 헤엄칠 수 있고, 들짐승은 뛸 수 있으며, 새는 날 수 있지만, 오리는 이 세 가지를 다 해낼 수 있습니다.

실수도 하지 않습니다.

사람도 이 세 가지를 다 할 수 있습니다.

헤엄을 칠 수도, 뛸 수도 있으며, 비행기를 타고 날 수도 있습니다.

하지만 물고기나 들짐승, 또는 새처럼 그렇게 잘 할 수는 없을 것입니다.

이것은 우리가 겸손해야 할 이유가 될 수 있지 않을까요?

그럼에도 인간은 여전히 바벨탑을 쌓습니다.

양에서부터 시작한 동물 복제는 이제 인간을 복제하려는 단계까지 왔다고 합니다.

여전히 하늘을 찌르고자 합니다.

개미와 자연

'**와**! 많다!'
'정말 많다.'

스리랑카에서 내가 운영하던 공장에는 곳곳마다 엄청난 숫자의 개미들이 장사진을 이루고 있었습니다. 그 수효를 헤아려 볼 방법은 없을 테지만, 세어본다면 가히 엄청날 것입니다.

하늘과 땅 어디에나 있습니다.

나무 위에도, 땅 위에도, 땅 속에도, 나무로 만든 가구들과 문짝 속에도, 그리고 사방 천지에 부지런히 움직이는 녀석들까지, 말하자면 어디에나!

공중에도 있습니다! 날개를 가지고 날아다니는 개미들 말입니다.

땅 속의 그들 집 속에 있는 개미의 숫자는 물론 헤아릴 길이 없습니다.

그렇다고 눈에 보인다 해서 그 숫자를 파악할 수 있는 것도 아닙니다. 나무 한 그루에만 해도 그들의 집(둥지)이 여러 채씩 있습니다. 둥지 하나에 수천 마리 이상 족히 될 것입니다. 그들이 서식하는 가구나 나무 문짝이 쓰러질 정도입니다. 그 부서진 나무 안을 들여다보면, 그야말로 마치 유명 비구상 조각가의 예술 작품과도 같은 미로가 새겨져 있는데, 기막힌 예술 작품이라 아니 할 수 없습니다.

종류도 참 많습니다.

그런데 그들은 무엇이 그리도 바쁠까요?
나는 자주 그들의 집이나 움직임을 관찰하곤 했습니다. 신기하기도 하고, 참 재미있기 때문입니다. 그들의 사는 모습, 집 짓는 작업, 이동 상황 등등을 관찰하다 보면 시간가는 줄을 모를 때가 많습니다.

그들의 조심스러움, 자연과의 친화, 또 그들의 빠른 눈치를 보면 '자연끼리는' 서로 '자연스레' 친화하는가 싶은 생각이 들었습니다.
어느 날인가도 그들의 이동 상황을 한참이나 지켜보았습니다. 그날도 줄을 잇고 어디론가 바삐 이동하는 그들을 참 재미있게 바라보았습니다. 그러다가 호기심과 장난기가 발동하여 신고 있던 운동화를 벗어 그들의 길을 가로막아 보았습니다. 그랬더니 가던 길을 멈추고 그 장애물에 대한 탐색을 시작했습니다. 더듬이로 냄새를 맡는 것인지 주춤거리며 그 앞에서 계속 더듬이를 이리저리 놀려대는 것이었습니다. 오랫동안 지켜보았는데, 넘어가지도 않고 돌아가지도 않고(결국 나중에는 돌아가게 되었지만), 오랫동안 탐색을 계속하는 것이었습니다.

어쩌면 적의 냄새를 맡았는지도 모르지요…….

그러다가 짚이는 바가 있어 운동화를 치우고 나뭇가지를 그 길에 놓아 보았습니다. 잠시 주춤하는가도 싶더니 이내 서슴없이 그 나뭇가지를 넘어 하던 이동을 계속하였습니다. 다음에는 돌멩이를 올려놓아 보았습니다. 역시 잠시 주춤하는가 싶더니 이내 그것들을 타고 오르며 하던 일을 계속 하는 것이었습니다.

여기서 나는 좀 이상하다는 생각을 하게 되었습니다.

왜 운동화에게는 그리도 적대감(?)을 가지고 장시간 관찰하고 탐색을 하면서, 그리고 쉽게 다가가지 않으면서, 돌멩이나 나뭇가지들에게는 그렇게 금방 친숙해질 수 있을까 하는 생각 때문이었습니다.

지금도 알 수 없습니다. 혹 전문가라도 옆에 있으면, 그 이유를 꼭 물어 보고 싶지만…….

나름대로 혼자 결론을 내려 보았습니다(짧은 시간에 극히 단편만을 본 탓이라 무리가 있을 수 있겠지만, 뭐 그래도 큰 문제는 없을 것입니다).

나는 그 이유가 어쩌면 자연과 비자연과의 차이가 아닐까 하고 생각해 보았습니다.

돌멩이와 나뭇가지는 인간의 손이 닿지 않은 자신들과 마찬가지로 자연의 일부이지만, 운동화는 인간이 인공을 가한 비자연입니다. 전자는 친숙하지만 후자의 경우에는 아무래도 서먹서먹했던 것이 아닐까요?

그런데 갑자기 우리 인간도 개미와 마찬가지 아닐까 하는 데 생각이 미쳤습니다.
인간 역시 자연과 자연스러움 앞에 더 편안함을 느낍니다.
과학의 발달로 많은 인공이 우리를 압도하고, 이제 우리는 그것들에 둘러싸여 살고 있습니다. 아니 포위되어 살고 있습니다.

그것들에 힘입어 편안하고 안락한 삶을 영위하고 있는 것처럼 보이기도 합니다. 하지만 한편으로는 그것들로 인하여 많은 불편함을 경험하며 살고 있다는 것 또한 부인할 수 없을 것입니다.

비인간화를 가속화시킵니다.

욕심을 낳게 합니다.

시기, 질투를 유발합니다.

결국 경쟁을 낳고, 싸워야 합니다.

스스로 만든 물질문명에 압도당하며 살게 됩니다.

이제는 그들의 종이 되는가 싶기도 합니다.

요즈음 세상 돌아가는 것을 보면, 물질문명의 발달에 따른 온갖 부작용과 정신적 피폐현상이 극에 달한 느낌이 듭니다. 그 옛날 '노아의 방주'시대와 비교해 보면, 지금의 세상은 멸망해도 수십 번은 망했어야 할 만큼 타락한 것 같지 않습니까?!

그런데 자연으로 나가면(어디 깊은 시골이나 산속에서의 수련회라도 가게 되면), 불편한가 싶으면서도 편안함을 느끼게 됩니다.

냉장고가 없어도 가스 쿠커가 없어도 즐겁고 편안합니다.

무엇보다도 마음이 편안합니다.

음식을 차게 보존하기 위해 그것들을 냇물에 담가두어야 하는 불편함이, 낙엽이나 나뭇가지로 지어먹는 식사의 불편함이 기실 조금도 불편함이나 짜증이 되지 아니하고 즐거움이 되었던 경험들을 누구나 가지고 있을 것입니다(물론 그게 짧은 시간의 캠핑이 아니라, 매일 계속 반복되는 것이라면 사정은 다를 수 있지만요).

그렇다면 우리 인간도 개미와 마찬가지로 자연과 자연스러움에 사실은 더욱 친숙할 수 있고, 편안할 수 있는 것 아닐까요?

아니 어쩌면 애초부터 인간도 그렇게 살아야만 하게 되어있는지도 모릅니다.

개미들이 왜 그랬을까 하는 이유는 앞으로 더 관찰해 보면서 더욱 설득력 있는 이유를 찾아내야 할지도 모르겠지만, 지금으로서는 여기까지 왔습니다.

나목

꼬 땅 나무가 옛 옷을 죄다 벗고 새 옷으로 갈아입을 채비
를 하고 있네요!

뱀은 옛 옷(허물)을 벗지(탈피) 않으면 죽습니다.
나무도 옷을 갈아입지 않으면 죽습니다.
스리랑카에 있는 나무들은 늘 그대로 있는 것 같지만, 모두 각
자 정해진 때와 방식을 따라 옷을 갈아입습니다.

주님은 우리에게도 옛 옷을 벗으라 명령하십니다.

두 마음

새들의 노래 소리가 참 좋았습니다.
지금도 좋습니다.

나는 새들의 지저귀는 소리뿐 아니라, 새 자체도 좋아합니다.

가족들과 함께 스리랑카에서 꽤 오래 살았습니다.

서울에 있을 때는 결혼한 이후로 줄곧 아파트에서만 살았었지
요.

그런데 스리랑카에 가서는 마당이 넓고, 그래서 정원에(한국
인들은 정원이라는 우리말을 쓰기보다는, '가든'이라고 부르기를
좋아합니다. 그래야 품위가 있고 더욱 '가든' 같아지는가 봅니다.
저한테는 '뜰'이라는 우리 고유의 말에 훨씬 더 정감을 느낍니다
만) 여러 가지 화초와 수목들이 있는 일반 주택에 살기로 했습니
다. 그 당시만 해도 스리랑카에는 외국인들이 살만한 아파트가
없기도 했지만요.

이사 오기 전에도 출장을 다니면서 스리랑카에 동물들이 많은
줄은 알았지만, 실제 살면서 보니 정말 별의별 동물들이 참 많
기도 하다는 것을 더욱 실감하게 되었습니다. 얼룩말이나 기린
같은 큰 동물들이나, 호랑이나 사자 같은 맹수류는 없지만 말입

니다(코끼리는 많고, 일부 지역에는 표범이 있긴 합니다만).

개미도 크기 별로, 색깔 별로 온갖 종류가 다 있습니다. 도마뱀, 이구아나, 날아다니는 바퀴벌레, 뱀, 원숭이 등등…….

바퀴벌레야 말할 것도 없고, 대부분의 집들이 도마뱀들과 싫든 좋든 함께 살고 있습니다. 이 도마뱀은 '아굴'의 잠언에 보면 '손에 잡힐 만 하여도 왕궁에 있는 도마뱀'이라고 한탄(감탄?)하는 장면이 나올 정도니까 어찌할 수 없는 존재인가 봅니다.

여행을 하다 보면 적지 않은 원숭이들이 볼 수 있습니다. 저들은 나뭇가지들을 이리 저리 넘나드는 것은 물론, 길가에까지 나와 활개 치며 장난을 걸어올 정도입니다.

뱀들이 주택가나 공장 마당에 버젓이 나타나기도 하고, 이구아나가 어기적거리며 거리를 활보하기도 합니다. 흡사 악어처럼 생긴 거대한 몸집의 이구아나가 집 앞 나무 위 가지에 그 긴 꼬리를 늘어뜨리고 올라 앉아있는 장면도 심심찮게 목격되곤 합니다. 다람쥐 정도는 집이건 공장이건 말 그대로 어디를 가나 그들의 뛰노는 모습을 볼 수 있습니다. 저희 마당에도 오후만 되면 많은 다람쥐들이 나와 놀다 가곤 했지요. 한국에서는 동물원에 가기 전에는 구경하기조차 힘든 이러한 동무(동물?)들과 뜻하지 않게 조우할 때마다 처음에는 매우 놀라기도 하고, 당황하기도 했던 생각이 납니다.

그런데 위와 같은 동물들뿐만 아니라, 새들도 많습니다. 까마귀와 비둘기 등은 말할 것도 없고, 본 적도 없는, 따라서 이름조차 생소한 온갖 새들이 참 많기도 하답니다.

스리랑카에서는 아침에 일찍 일어나기 위해서 별도의 괘종시계를 사용할 필요가 없습니다. 이른 새벽이 되면 집 앞 뜰에서 많은 종류의 새들이 일제히 합창을 시작하기 때문입니다. 그 합창 소리는 결코 무시할 수 없는 훌륭한 작품입니다.

휴일에는 가끔 뜰에 앉아 헤아려 보기도 하는데, 저의 집 마당에만 엄지 손가락만한 아주 작은 것에서부터 좀 큰 까마귀에 이르기까지 대략 예닐곱 종류의 새들이 수십 마리씩 와서 놀다 가곤 했습니다. 그러니 그 합창 소리가 클 수밖에 없지요. 우리 인간들은 감히 흉내조차 낼 수 없는 7중창으로 그 솜씨를 자랑하는 것입니다.

어떤 분들은 그 새들의 소리에 잠을 설치기 일쑤라며 불만을 토로하거나 심지어 매우 짜증을 내기도 합니다. 이렇게 되면 그분들에게는 저들의 합창이 노래가 아니라 소음이나 울음소리에 지나지 않는 것이겠지요.

그러나 저한테는 처음부터 참 좋았습니다. 저는 이런 아름다운 자연의 합창소리와 함께 하루를 시작할 수 있는 곳으로 저희들을 인도해 주신 하나님께 감사를 드렸습니다. 다른 말로 하면 공해가 없다는 뜻이 되기도 합니다.

그런데 아파트로 이사한 후론 그들이 와서 놀다 갈 마당이 없었습니다. 따라서 그들의 '새벽을 깨우는 합창'(Morning Call

Chorus)을 눈앞 가까운 데서 들을 순 없게 되었지만, 그래도 이른 아침이면 그들은 여전히 생음악을 연주해 주었습니다.

스리랑카에 이사 와서 얼마 동안은 그들 새소리가 너무나 신기하고 재미있고, 좋아서 제 작은 딸아이와 함께 각각의 소리를 흉내 내 보려고 열심히 연습하기도 했습니다. 소위 모창인 셈입니다. 그 중 세 종류쯤은 저들의 원음(original sound)과 거의 구분이 안 될 정도의 높은 수준까지 이를 수 있었습니다. 그들을 불러 낼 수 있을 정도의 높은 경지였으니까요.

어-! 그런데 엉뚱한 문제가 하나 생겼습니다.

다른 분들이 들으시면 사소한 문제라며 일소에 붙여버릴 일일지도 모르겠습니다. 하지만 저에게는 제법 심각한 문제로 대두되었습니다. 어쩌면 부끄러운 결정을 내려야 할지도 모르는 중대한 일이 발생한 것입니다.

제 사무실은 2층 건물의 2층에 자리하고 있었습니다. 그런데 2층 천정과 지붕 사이에 있는 공간에 비둘기와 또 다른 한 종류의 새(구관조의 일종)들이 출입을 시작한 것입니다. 처음에는 그 사이에 들어가서 뭘 하나 하고 신기하게 생각은 했었지만, 크게 신경을 쓰지는 않았습니다.

그런데 차츰 시간이 지나면서 제 주의를 끄는 현상들이 벌어지고 있음을 알았습니다. 점점 심해져 갔습니다. 급기야 이제는 무엇인가를 결정하지 않으면 안 될 지경에 이르렀습니다.

처음에 한두 마리로 시작한 출입이었던 것 같은데, 아마도 거기가 편안하다고 저희들 간에는 소문이 났던가 봅니다. 점점 그 숫자가 불어나는가 싶더니, 나중에는 수십 마리의 새들이 종류별로 지붕 안쪽을 양분하여 거주하게 된 것입니다.

여기까지야 무슨 문젯거리가 되겠습니까?

오히려 제가 좋아하는 것들의 좋아하는 생음악을 계속 들을 수 있게 되었으니 오히려 쾌재를 불러야 할 경사가 아니겠습니까?

그런데 엉뚱한 데서 문제가 생겼습니다. 즉, 그네들이 제 머리 위를(정확히 제 머리 위입니다.) 자신들의 거주지로 정하고부터 실내 장식에 들어간 것이 문제의 발단이 되었습니다.

저와 그네들과의 사이에는 얇은 단열용 슬레이트 한 장이 있을 뿐입니다. 그런데 그네들의 실내 공사가 시작되면서부터 그 공사에 사용되는 자재들이 시시각각 그 단열판들의 작은 틈새로 떨어져 내려오기 시작한 것입니다. 짐작하셨겠지만, 그네들이 사용하는 건축 자재들이라는 게 마른 지푸라기, 나뭇가지 혹은 풀잎 등이지 않습니까? 아! 그리고 시멘트 용도로 쓰이는지 흙 부스러기도 있습니다. 그런데 그 부스러기들이 하고한 날 제 머리 위로, 책상 위로, 또 큰 맘 먹고 새로 장만한 노트북 컴퓨터 위로 떨어져 내리기 시작했던 것입니다. 낮에는 제가 계속 입으로 불어 날리거나 털어버리기 때문에 그렇게 많은 줄 미처 몰랐는데, 아침에 출근해서 보면 마치 들판에 밤새 눈이라도 내린 것처럼 하얗게 쌓여 있었던 것입니다.

그 뿐 아니라, 건물 둘레에는, 예를 들면 아래층으로 내려가는 층계 등에 그 많은 새들의 배설물로 온통 오염이 시작된 것입니다.

정작 제가 좋아하는 새들이 저에게 복잡한 문제들을 안겨주게 된 것이지요.

그러나 단언하건대, 거기까지는 아직 괜찮았습니다.

저에게 진짜 문제가 되는 것은 다른 데 있었습니다. 그것은 그네들이, 즉 제가 좋아하는 그 새들이 매일처럼 지속적으로 위와 같은 귀찮음을 가져다주기 시작하자, 그것들에(이제는 그저 '그것들'이라고까지 함부로 부르지 않습니까!) 대해 생기고 있는 제 마음의 변화, 심경의 변화, 쉽게 말하자면 '변심'이 일어났던 것입니다.

아이들에게 '자연이나 동물은 사랑해야만 하는 대상, 그리고 사랑할 만한 가치가 있는 것'이라고 줄곧 역설해 왔는데, 또 짝사랑이었는지는 모르지만, 이제까지 좋아해 온 대상들을 사소한 불편 때문에 곧 배반하게 될 것만 같은 제 마음이 무엇보다도 꺼림칙했던 것입니다.

그것들은 제가 좋아 제 머리 바로 위에다 둥지를 틀기로 했는지도 모르는데……

사람들은 그런 것인가 봅니다.

아니 '사람들'이라고 제가 모든 사람을 도매금으로 싸잡아 총칭하거나 매도해서는 안 되겠지요. 그럴 자격도 없고…

아무튼 최소한 저는 그런 사람인가 봅니다.

달면 삼키고, 쓰면 내뱉는……

몇 년 동안을 그렇게 좋아하고 즐기다가, 약간의 불편을 제공한다 해서 금방 싫어하는 그런 얕은 심성의 소유자인가 봅니다.

그 근본은 보지 않는 채, 우선 보이는 외곽의 현상만으로 그 주체를 판단하는 어리석음이라고나 할까요?

아, 그나저나 참 내가 걱정 되었습니다.

이러다가는 새들만 싫어지는 선에서 사연이 마무리 되는 것이 아니고, 이 새들의 문제를 빠른 시일 내에 흔쾌하게 해결할 수 있는 방법을 찾아내지 못해, 결국 내가 그러한 심성의 소유자라고 증명이라도 되는 날에는, 제가 그러한 나 자신까지도 스스로 싫어지게 되는 것이나 아닐까 하는 두려움도 있었거든요!

'가룟 유다'라는 자는 두 마음을 품다가 그 죽는 순간이 멋지질 못했고, '야고보'는 마치 바람에 날려 요동하는 바다 물결처럼 두 마음을 품는 자가 되어서는 아니 된다고 했는데, 이제 저는 꼼짝없이 두 마음을 품는 자가 되어야 할 상황에 처했으니, 어찌 고민이라 하지 않을 수 있겠습니까!

저들이 그러한 제 마음을 혹 눈치 채지는 않을까 하는 조바심도 있었습니다.

결국 저는 수십 마리의 새들이 한꺼번에 들어가 살 수 있는 아파트식 새장을 디자인하게 되었습니다. 육모정으로 건축했지요. 즉, 육각형으로 해서 한 면에 여러 개의 출입구가 있는 품세가 되는 것입니다. 제가 아파트에 살고 있으니, 저들도 그 새로운 아파트형 거주지를 좋아했으면 하는 생각을 가졌었는지 모릅니다.

카펫 삼아 지푸라기를 깔아주고, 새끼들도 옮겨놓고, 예전 집의 부스러기들도 얹어주고, 먹을거리들을 넣어 주었습니다.

벌써 오래 전 일이네요.

그 새들은 이사를 강제로(?) 해야 했지만, 그들을 사랑하는 저의 심정을 조금이라도 이해했겠지요?

내 안에 있는 두 마음, 어렵기만 합니다!

강(江)아!

과거 여러 청년들을 데리고 살던 때, 그 중 한 청년을 위해 쓴 편지입니다. 어쩌면 오늘을 사는 우리 모두에게 필요한 얘기일지도 모른다는 생각이 들었습니다.

강아!

오늘도 변함없이 유연하게 흐르는 너의 모습이 참 보기 좋구나.

아무런 거침도 없어 보이는구나.

어려움일랑 아예 모르는 것만 같구나.

그런데 강아,

혹 가다가 바위나 계곡 등, 예측할 수 없었던 장애물을 만나면 어떻게 하겠니?

그런 일은 결코 생기지 않을 것이라고?

아, 그렇구나.

강아, 너는 너의 흐름이 영원히 같은 모양으로 계속될 것으로 알고 있는 것이지?

이제까지는 되는대로 흐르기만 했지, 아무 생각을 하지 않아도 되었고, 아무 탈 없이 흐르고 있었으니까 그렇게 느낄 수도 있겠지. 마치 저절로 생긴 것처럼 말이야.

하지만 江아,
세상에 무엇이든 저절로 생기는 법이라고는 없단다. 어떤 일이든지 지금 그렇게 결과하기까지는 필연적으로 그에 대한 원인이 있어야만 하는 거란다. 마찬가지로, 지금의 너의 길을 거쳐 간 너의 선조들이 지금의 너의 길을 만들기 위해서 얼마나 많은 고생을 했으며, 대가를 지불했는지 혹 생각해본 적이 있니?

어느 비가 몹시 오던 날, 여느 때와 달리 네가 갑자기 큰 소리를 내며 나에게 하던 말이 생각나는구나.
'江들은 생긴 대로 흐를 권리가 있으며, 흐름이란 진정한 자신의 모습을 찾아가는 과정이어야만 한다.'는 얘기, 그리고 '각 강들의 차이는 그 각 江에게 요구되는 역할에 우선해서 존중되어야 한다.'는 등의 얘기 말이야.
좋은 말이야.

그런데, 江아, 너의 흐름을 지켜보면서 아쉽고 안타까운 느낌이 그치지 않는 이유는 무엇일까?
너의 '생긴 대로 흐를 권리'는 어쩐지 앞으로도 아무 생각 없이 아무렇게나 흘러가 보겠다는 뜻과 다름 아닌 것 같다는 이유가 우선 있을 것 같구나. 생긴 대로 흐를 권리에 방종의 자유를 포함하는 것은 아닐 것이며, 더군다나 자신을 포기하는 것 같은 흐름을 포함하는 것은 아니지 않겠니?

지루하다고(너무나 많이 주어진 자유, 그리고 그것을 적절하게 이용하지 못함으로 말미암은 현상일 것으로 나는 확신하지만) 흐름을 쉬거나 포기할 수는 없을 것이며, 비가 많이 온다 해서 큰 소리를 내며 짜증을 내거나, 다른 것들을 마구 파괴하면서 흐르는 것은 문제가 아니겠니?

자유를 어쩌지 못해 방종할 수밖에 없는 江이라면, 그리고 비가 많이 오거나 바람이 몹시 불 때 자신의 흐름을 뜻대로 제어할 수 없는 江이라면, 이제는 너의 친구 한강처럼 어떤 도움을 받아서라도 나를 바로 설 수 있도록 조금은 강제할 필요가 있지 않을까?

비를 많이 맞는다는 것이, 또 그것을 잘 받아들이는 것이 바로 너 자신을 크게 하는 것이라는 것을 아는 지혜를 가져야만 한단다.

江들의 흐름은 진정한 자신의 모습을 찾아가는 과정이라는 말에 나도 동의한다. 하지만 주어진 일정에 따라 부지런히 쉬지 않고 날마다의 흐름을 성실히 마쳐 나갈 때여야만이, 네 자신의 진정한 모습도 찾아지는 것 아닐까?

흐름이라는 긴 여정을 마치고 바다라는 넓은 안식처에서 더 이상의 힘든 흐름 없이 아늑한 쉼을 맛보는 것이 네가 궁극적으로 바라는 진정한 너의 모습 아니겠니?

우리는 매일 반복되는 루틴(routine)한 흐름이 지루하다면서 잘못된 길로 접어들어, 엉뚱한 사막으로 또는 상한 호수로 흘러 들어가 버리고 말아, 결국 자신의 본래 모습을 상실하게 된 너의 친구들을 보고 있지 않니?

江아,
유연하게 흐르는 네 모습이 보기 좋구나.

그 유연함이 모든 것을 무시하거나 잊는 유연함이 아니고, 너 자신이나 주위를 결국 시나브로 허물어 버리는 것이 아닌, 그리 하여 모든 것을 생각하였기에 참으로 모든 것을 아우르고 망라 하는 유연함이기를 빕니다.

하모니

자연은 인간들이 건드리지 아니 하고 내버려두면 저절로 (all by themselves) 하모니를 이루며 삽니다.

하나님께서 천지를 지으시고 "보시기에 좋았더라"는 상태로 말입니다.

그런데 사람들은 자꾸만 자연이 싫어하는 물리적인 힘을 가하곤 합니다.

씨앗의 승리

봄 이라서 그런가요?
전에 찍어둔 사진들을 정리하다가 눈에 띈 사진입니다.
생명의 신비함에 한참을 들여다보다가 처참한 몰골로 새싹을 덮
고 있는, 그러나 아름답기 그지없는 씨앗의 껍질을 보고 느낀 것
입니다.

겨자씨는 모든 씨보다 작은 것이지만, 자란 후에는 풀보다 커

서 나무가 되어 공중의 새들이 와서 그 가지에 깃들일 수 있다고 합니다. 겨자씨를 본 사람은 알겠지만 정말 작습니다. 종이 위에 연필로 찍은 점 하나 정도의 크기밖에 되지 않습니다. 말하자면 참으로 사소한 것입니다. 밤이나 쌀과 같은 다른 씨앗들처럼 그 대로 먹거나 다양한 용도로 사용할 수도 없습니다.

많은 새들이 와서 쉴 수 있는 큰 나무로 자라기까지의 겨자씨의 고통은 만만치 않을 것입니다. 그 작은 씨앗은 주어진 창조질서를 따라 순종하는 삶을 살 때 많은 새들을 깃들일 수 있는 큰 나무로 성장할 수 있습니다. 그리고 그러기까지 많은 고통의 시간들이 있습니다.

어두운 땅속에서 물과 양분을 흡수하는 일을 해야 하며, 그 과정이 끝나면 싹을 틔우기 위해 위 사진처럼 자신의 살갗을 찢는 고통을 감수해야 합니다. 그리고 그 연약한 싹은 세상에 나오기 위해 다시 단단한 땅 껍질을 헤쳐 나오는 험난한 과정을 거쳐야 합니다. 그렇다고 땅 위로 솟아나오기만 하면 끝나는 것이 아닙니다. 큰 나무로 자라나기 위해서는 오히려 이제부터 다른 고통이 다시 시작됩니다. 세상에 얼굴을 내민 다음에는 온갖 폭풍과 벌레와 질병 따위가 기다리고 있는 것입니다.

그것들을 모두 이기고 나서야 비로소 새들에게 쉼터를 제공할 수 있게 되는 큰 나무가 되는 것입니다.

그런데 우리는 우리네 사람들도 마찬가지 과정을 거치며 살아야 한다는 것을 압니다. 우리는 겨자씨보다도 더 작은 씨앗으로 어머니 태에서 우리네 삶을 시작합니다. 어머니의 뱃속은 따뜻하고 먹여주고 편안하고 좋습니다. 아무 것도 하지 않아도 됩니다. 가만히 있기만 하면 됩니다. 어떤 위험도 고통도 없어 보입니다. 편안하기만 합니다. 하지만 편안하다 해서 뱃속에 그처럼 가만히 있기만 하면, 삶에 무슨 의미가 있겠습니까?

어느 날 무언가가 세게 잡아당기는 것을 느끼게 됩니다. 사방의 벽은 나를 짓누릅니다. 그 부드러운 벽은 거칠게 움직이며 나를 아래쪽으로 밀어냅니다. 몸은 접히고, 사지는 꼬이고 뒤틀립니다. 성난 파도가 소용돌이치는 바다 한 가운데 있는 것 같습니다. 그리고는 머리가 꽉 죄어 납작하게 짓눌립니다. 그리곤 어두운 터널 속으로 점점 더 세게 밀려갑니다. 그 고통은 이루 말할 수 없습니다. 그러한 고통의 과정 뒤에 우리는 이윽고 세상에 태어나게 됩니다. 그리고 세상을 살아가게 됩니다.

이제는 겨자 나무처럼 여러 가지 벌레와 폭풍우(유혹과 시험, 환난, 고통)를 만나게 됩니다. 알 수 없는 미래가 우리 앞에 놓여 있습니다. 많은 사람들이 와서 깃들고 쉬게 할 수 있는 큰 나무로 자라느냐, 중간에 그러한 것들을 이기지 못해 성장하지 못하고 마느냐! 갈림길에 있습니다.

어려움을 만나지 않아도 자랄 수 있습니다. 즉 온상에 키운 겨자 나무나 과보호 속에 키운 아이를 상상해 봅시다. 온실의 나무는 열매를 맺을 수는 있지만 많은 새에게 기쁨을 주는 쉼터는 되지 못합니다. 온상에서 성장한 사람도 마찬가지입니다. 작은 어려움에도 쓰러지고 맙니다.

어찌 살아야 합니까?
힘들더라도 내 십자가를 피하지 맙시다.

꽃과 침묵

벚꽃 향기가 길을 가는 이들에게
문득문득 다가오는 넉넉한 3월은
꽃보다도 찬란한 달이라고 말한 시인이 있었지만
그러나 어디 꽃에 당할 찬란함이 있을까

헨리 데이비드 소로는 말했다
'꽃의 매력 가운데 하나는 그에게 있는 아름다운 침묵'이라고
우리는 꽃을 꽃나무 자체에 국한시키고 있다
장미꽃나무, 모란꽃나무며, 수국꽃나무며
그러나 한 번 생각해 보라
꽃이 없는 과일나무가 어디 있는가

능금 꽃이 피는 나무에서는 능금이 열리고
배꽃이 피는 나무에서는 배가 열리지 않는가
꽃 그 자체만으로 좋지만 꽃만 피우고 마는 나무보다는
꽃이 지고 나서 과일이 열리는 나무에
더 큰 복이 있음을 우리는 볼 수 있다

그런데 가만히 보면 꽃들은 절대 다른 꽃들을
부러워하지 않음을 알게 된다
어디 손톱만한 냉이 꽃이 함박꽃을 크다고 하여
기죽어서 피지 않는 일이 있는가

사람이 각기 품성대로 자기 능력을 피우며 사는 것
이것도 한 송이의 꽃이라고 나는 생각한다
자기다운 꽃을 지닐 때 비로소 그 향기가
그 열매가 남을 것이 아닌가

(정채봉 ; '스무 살 어머니' 중에서)

사람도 마찬가지 아니던가요?
마음이 아픈 이들을 위로하는 아름다운 말도 있고, 현란한 솜씨를 자랑하는 말도 있습니다. 은근하게 풍겨 나는 멋도 있지만, 화려하게 치장한 멋도 있습니다. 그 모두 아름답지만, 향기를 품어내는 말이나 멋이 있는가 하면, 독이 가득한 말이나 멋도 있습니다.

열매가 열리지 않는 말이라면, 열매를 맺지 못하고 겉만 번지르르한 멋이라면 덜 아름답지 않겠습니까?!

콩을 심으면 콩이 나고, 팥을 심은 데서는 팥이 납니다.

나는 내 마음에 무슨 씨앗을 뿌리고 있습니까?

나는 땅을 기는 딸기에 지나지 않는다고 한탄하며 높은 곳에 달린 커다란 능금을 부러워하며 좌절하진 않습니까?

열등감에 빠져 나를 학대하거나, 능금이 되기 위한 욕망으로 헛되이 시간만 낭비하고 있지는 않습니까?

그러다가 딸기조차 맺지 못하고 곯아 떨어져 버리지는 않을까요?

딸기와 능금의 사명은 서로 다른 것을…….

딸기도 능금도 자기 선 자리에서 제각각 충성된 종이 될 수 있음은 물론입니다.

경계(警戒)

사진기가 두려웠는지, 아니면 사진 찍는 인간이 두려웠는지 잔뜩 긴장한 모습으로 경계를 합니다!

위협이라도 하려는 듯 이빨(?)을 잔뜩 벌린 모습이 오히려 그의 적일지도 모를 나로 하여금 실소를 머금케 합니다.

인간도 힘이 없으면서 이처럼 으르렁거리고 사는 존재인지 모릅니다.

세상을 안는다

비온 뒤 풀잎에 맺힌 작은 물방울이 세상을 안고 있는 것을 보았습니다.

풀들은 비 오기를 기다렸다가 수분과 영양도 섭취하며 이처럼 그를 통해 세상을 보는지도 모르지요.
객관적으로 볼 수 있을 것 같다는 생각을 해 봅니다.
동그랗게!

사람들은 '제 눈의 안경'으로만 세상을 보려 하는데….

1부 수업에서 배운다 | 75

환타지

화단 한 부분을 찍은 것입니다. 일순간의 움직임에 포착된 장면이 가히 환상적입니다.

같은 대상이라도 이리 저리 애를 쓰면 혹은 이렇게도 혹은 저렇게도 보일 수 있습니다.

이처럼 내가 내 앞의 있는 것들을 어떻게 보느냐는 것은 내 맘 먹기에 달려 있다고 하는 말은 맞는 말입니다.

내 이웃도!

2부
가족과 사람 이야기

가족이란

사랑과 정이 넘치는 한 무리의 대가족을 보는 것만 같습니
다.

할아버지, 할머니, 아빠, 엄마, 언니, 동생, 아가, 그리고 조카
들까지.

이들은 앞으로도 그처럼 살아갈 것입니다.
사람들은 갈수록 소가족화 되어 간다는데….

안경 이야기

저는 오래 전부터 돋보기안경을 사용하고 있습니다. 시력에 관한 한 어렸을 때부터 줄곧 자신 있는 편이었는데, 과연 흐르는 세월은 어찌 할 수 없는 것인가 봅니다.

언젠가 눈이 영 불편하여 난생 처음으로 안과에 들러 본 적이 있습니다. 그 안과의사의 진단 결과는 노안이 진행 중이고, 나이가 들어가면서 누구나 할 것 없이 생기는 현상이라는 것이었습니다.

대수롭지 않다는 듯한 반응이었습니다.

그러나 저에게는 퍽 대수로운 사건이었습니다.

시력에 관한 한 오랫동안 퍽 자신이 있었는데, 이제 나이가 들었으니(이 말을 좀 더 정확하고 냉정하게 표현하자면 늙어간다는 말과 다르지 않지요), 돋보기를 써야 한다는 사실이 영 실감나질 않았습니다.

나이가 들면 노안이 된다는 것을 배워 익히 잘 알고 있음에도 불구하고….

이미 스스로가 중년(?)이 되어 있음에도 돋보기 하면 곧 바로 할아버지를 연상하곤 했었는데 말입니다. 마치 나와는 아주 무관한 먼 곳의 남의 일처럼 말입니다. 몇 년을 쓰지 않고 그냥 버티어도 보았으나, 도무지 불편하여 결국 이길 수 없는 세월의 흐름 앞에 굴복하고, 돋보기를 상용하기에 이르렀습니다.

흐르는 세월을 이길 수 없다는데 생각이 미치면서, 뭔지 모르게 생기는 착잡한 감정을 누를 수 없습니다. 성경에 '흰머리는 면류관'이라는 듣기 좋은 말도 있으므로, 돋보기 역시 또 다른 면류관쯤으로 치부해 버리고 그저 모른 척 지나쳐 보려 해도 착잡하기는 매 한 가지인 것 같습니다.

이길 수 없는 자연 현상을 그대로 수용하지 못하고 왜 이럴까 자문해 보기도 합니다. 이에 대한 명쾌한 대답은 있을 수 없지

만, 아마도 이제까지 지나온 시간들을 하나님과 사람 앞에 자신 있게 사용해 오지 못했다는 자의식이나 자괴감이 그 원인인 것 같습니다.

그러면 어찌 해야 합니까?

많은 사람들이 이래저래 흔히들 쓰고 있는 안경 문제로 사소한 생각을 너무 하는 것인지도 모르겠습니다.
하지만 지금부터라도 원인 제거에 힘을 기울여야 할까 봅니다.

내 돋보기도 과연 면류관으로 여겨질 수 있도록 세월을 아껴야 겠습니다.

늘 미안한 사람

어제는 슈퍼에 다녀왔습니다.
잠시 혼자 있게 되면서 새로 추가된 일입니다.

퇴근길에 늘 다니던 슈퍼에 들러 채소, 과일, 씨리얼 등 필요한 것들을 주섬주섬 챙기고 있는데 누가 내 곁에 와서 인사를 합니다. 역시 그 친구입니다. 과거 내 사무실에 다니다가 회사가 축소되면서 어쩔 수 없이 그만 두고 이 슈퍼에 취직해 일하고 있는 '아상가'라는 친구입니다.

전에도 늘 그랬지만 어제도 여느 때처럼 반갑게 다가 와서 인사를 합니다. 그는 아직도 나를 과거에 모시던 사장님으로 여기고 있는 것입니다.
내가 원하는 상품을 찾지 못해 두리번거리고 있으면 무얼 찾느냐고 물어 금세 뛰어가 가져다주곤 합니다. 어제도 진열대에 내가 찾는 상품이 보이지 않기에 얘기했더니 창고까지 뛰어가 찾아다 주었습니다.

나는 그를 볼 때마다 너무나도 미안합니다.

그 슈퍼에서 그의 일이라는 것은 그저 잡역부, 또는 짐꾼에 지나지 않습니다. 계산대 근처에 있다가 손님들이 물건을 챙겨 계산대로 오면 그 물건들을 수레(카트)에서 꺼내 계산하기 좋게 계산대 위에 올려놓는다거나, 계산이 끝나면 여러 비닐 봉투에 그것들을 나누어 담아 주차장에 세워둔 그 손님의 차에까지 날라다 주는 것이 그의 주요 업무입니다.

나는 그에게 봉급이 지급되는지 어쩐지 알지 못합니다. 팁으로만 살게 되어 있는 구조인지도 모르겠습니다.

아무튼 나는 그를 볼 때마다 늘 미안한 생각이 듭니다.

나의 무능력으로 사무실 규모를 줄이면서 생긴 희생자라는 생각이 들기 때문입니다. 회사를 일부러 줄이거나 직원들을 강제 퇴직시킨 적은 없지만, 어찌 됐든 내가 하고 있는 일의 결과일 것이기 때문입니다.

어제는 유난히 안쓰러운 생각이 들어 고맙다는 말과 함께 평소에 주던 팁의 너덧 배를 쥐어주었습니다. 그러고도 못내 가슴이 아파 차에 올라타자 남몰래 눈시울을 적셔야 했습니다.

한 번의 팁이 그에게 무슨 보상이 되겠으며 위로가 되겠습니까!

그보다는 오히려 미안한 내 마음을 얼버무리고 나 자신을 위로하기 위한 반사작용에 지나지 않다는 것을….

아직도 윗사람으로 깍듯이 반기며, 인사하며, 섬기는 그가 감사합니다.

　그리고 나는 오늘도 여전히 미안합니다.

　나의 붉어진 눈시울은 어쩌면 나의 요즘의 힘든 상황을 대변하는 것인지도 모르겠습니다. 그를 보며 나를 보는 것인지도 모릅니다.

　그를 보며 나를 보고, 나를 보며 그를 볼 수 있는 눈을 가질 수 있게 되어 감사합니다.

끈끈함

어떤 사물이나 현상, 사상 등을 대할 때 사람마다 그 반응이 제각각 다름을 봅니다.

저희 집에는 손님들이 참 많이 왔습니다. 한국에서 온 친구나 친척도 있었고, 영국에서 온 손님도 있었습니다.

그들은 저에게 스리랑카에 대한 외국인들의 반응이나 감정이 어떠한지 주의 깊게 살펴볼 기회를 가져다주었습니다. 그 동안 해외에 살면서 그 나라와 현지인들에 대한 한국인들과 서구인들(주로 유럽 사람을 말함)의 반응에 서로 많은 차이가 있는 것을 보아왔기 때문에, 대체 그 차이는 무엇이며, 그것들은 또 어디서 연유하는 것일까 하는 생각을 자주 했었는데, 정리해 보고 싶었습니다.

일반적으로 스리랑카의 제반 현상들에 대한 한국인들의 반응은 서구인들의 그것에 비해 우선 상대적으로 부정적인 편입니다.

예를 들면, "이곳의 거리들이 지저분하여 싫습니다. 도무지 내가 좋아하는 그 깨끗하고 화려한 강남의 거리 같지가 않습니다. 생활하기에도 여러 가지로 불편하기만 합니다." 하는 불평의 소리입니다. 저개발국인 탓에 좋은 자연 환경을 미처 개발하지 못하고 있는 형편이어서, 오히려 주변의 녹색지대는 벌레나 모기 등의 짜증스러움을 제공하는 경우가 많습니다.

또 "모든 일의 처리가 느리기 짝이 없어 짜증이 납니다." 나아가 "작열하는 태양 빛은 날씨를 무덥게 하며 피부를 검게 물들여 정말이지 싫기만 합니다." 하는 불만 섞인 소리입니다. 특히 여성들에게는 기피해야 할 대상 제1호입니다.

이러한 현상들에 초점이 맞춰지고 그것들을 몹시도 불편해 합니다. 한국인들에게는 이것들이 한마디로 '촌스러움'으로 표현될 수 있을 것입니다. 그저 '여기 이곳', 또는 '이곳스러움'으로 보지 못하는 소이가 여기 있는 것입니다.

한국인들은 '촌스러움'을 싫어하지 않습니까?

불편함은 불편한 것일 터여서 누구에게나 불편함이 될 것입니다. 그런데 많은 한국인들은 불편하다는 생각에서 그치는 게 아니라, 급기야 사람을 포함한 스리랑카의 모든 것을 나나 내 것보다 열등한 것으로 보기 시작합니다. 무시합니다. 그리고 경멸하는 단계로까지 점차 그 감정을 강화시켜 갑니다. 이러한 감정에는 미워함과 싫어함도 포함됩니다.

그러한 감정들을 자꾸만 스스로 더욱 키워나가는 경우도 있어서 그 싫어함과 무시함의 감정이 날이 갈수록 눈덩이처럼 커져만 가 자신도 감당할 수 없는 지경에까지 이르는 경우도 봅니다.

그러기에 할 수만 있다면 얼른 내 나라, 내 집으로 돌아가고 싶다고 합니다.

이에 반하여 서구인들의 반응과 감정은 퍽 긍정적입니다. 그 예를 들어보면, "늘 푸른 숲이 늘 좋습니다. 개발이 덜 된 탓으로 인한 공해 없는 맑은 대기(콜롬보 시내는 그렇지도 않지만)도 좋습니다. 사람들의 순박함이 예뻐 보입니다. 느린 일 처리나 저개발이 여유가 있어 좋아 보입니다(내 일이 직접 걸려 있으면 그렇지 않을지도 모르지만)" 등등입니다.

또한 뜨겁게 내려 쪼이는 태양은 저들에게는 오히려 부러움의 대상이 되며, 함께 해야 할 대상이 됩니다. 궂은 날이 많고 얄궂은 날이 많은 유럽인들에게는 더 그럴 것입니다.

아무튼 이처럼 그들은 긍정적인 면들을 많이 봅니다.

그러기에 그들은 이런 데서 자꾸만 오래 살고 싶어 합니다.

이곳의 '이곳스러움' 그대로 보면서….

똑같은 현상들을 경험하는데 이렇게 커다란 차이가 있는 것입니다.

왜 그럴까요?

아마도 저의 좁은 소견으로는, 한국인들에게는 스리랑카의 이러한 현상들이 너무나도 눈에 익은 것들이기 때문이 아닐까 싶습니다. 그런데 그 눈익음은 한국인들에게는 돌아보고 싶지 않은 참으로 어려웠던, 그래서 마음 아파하던 얼마 전, 나의 그때 그 시절과 동의어가 되는 것입니다.

싫었는데, 이제 막 벗어난 듯싶었는데, 그리고 다시는 보고 싶지 않았는데, 그만 여기서 다시 맞닥뜨리고 만 것입니다. 그리하여 화들짝 놀라게 되고, 혹 내가 그 안에 다시 들어가게 되지나 않을까, 휩쓸림을 당하게 되지나 않을까 하는 조바심이 무의식의 언저리에 자리 잡게 되는 것입니다.

보기 싫고 뒤돌아보기도 싫은 참으로 어설프기만 했던 나의 촌스러운 모습을 다시 보는 것만 같아 싫은지 모릅니다.

그런데 여기 이곳의 이렇게 때 묻지 않은 자연, 그것들의 자연스러움, 그리고 그네들의 여유로움에 대한 그러한 부정적 시각과 느낌은, 사실 그때 그 시절의 '어렵고 힘들었음'이 나에게 혹 또 다시 다가오지나 않을까 하는 두려움과, 양자를 무의식적으로 서로 동일시하는 착각의 결과일 것입니다. 이곳의 이렇게 '이곳스러운' 현상들이 자신의 과거 그림자로 보이기 때문입니다. 이곳의 '이곳스러움'을 통하여 다시 떠오른 나의 '그때'에 대한 불안과 두려움이 나의 시각을 그만 부정적인 것으로 결정지은 것입니다.

그리고 적지 않은 한국인들한테서는 '이곳스러움'에 접근하면 할수록 불행히도 그러한 부정적인 시각이 더욱 강해지는 현상도 목격하게 됩니다.

그렇지만 참 다행입니다.

그 무의식의 또 다른 한쪽 언저리에는 그들에 대한 연민, 끈끈함이 또한 자리하고 있음을 볼 수 있기 때문입니다. 이 또한 나 자신에 대한 측은함과 사랑 때문일 테지요.

그와는 달리 서구인들의 좋아함에는 그러한 깊은 감정이 없어 보입니다.

자기네들 나라와는 너무나도 다른 이곳이 자기네들 나라에서는 전혀 본 적이 없는 별세계이기 때문으로 그저 신기해하고 희한해 하는 것에 지나지 않는 것입니다.

따라서 우리네와는 달리, 미워함과 연민이라는 복합적이고, 미묘하며 섬세하기 이를 데 없는 감정의 자락은 엿보이지 않는 것입니다.

아마 그러한 감정은 저들에게는 사치에 지나지 않을지도 모르지요.

나와는 아무런 관련이 지어지지 않는, 그냥 그뿐인 것을….

그래서 우리는 개발하자고 하며, 좀 개발되었으면 합니다.

그러나 저들은 그 희한함을 무너뜨리고 싶지 않습니다. 즐기기 위해 가만히 그대로 두기를 바라는 것입니다.

한국인들은 인간미가 넘치고 감성이 풍성한 것이겠지요?

아름다운 마음 씀이지요?

때로는 혹 그러한 마음 씀이 제대로 승화되지 못한 채, 너무 직설적이어서 항상 아름답게만 보이지는 않는다는 측면도 없진 않지만….

울고, 웃고

사람들은 울고, 웃으며 살아갑니다.

사도 바울은 그리스도인들에게 이렇게 말합니다.

"즐거워하는 자들과 함께 즐거워하고 우는 자들과 함께 울라!"(Rejoice with those who rejoice mourn with those who mourn. When they are happy, be happy with them and when they are sad, be sad) (롬 12:15).

이는 물론 하나님께서 오늘을 사는 우리에게 하시는 말씀입니다.

인간은 너나 할 것 없이 누구나 항상 웃으며 살 수 있었으면 하고 소망할 것입니다.

인간이 이 세상에 태어나 제일 먼저 하는 일은 "으앙" 하고 우는 일입니다. 그리고 이 때 그 주위를 둘러싸고 있는 가족, 친지들은 기뻐하며 웃습니다('딸'이면 찡그리는 이들도 있다 하지만).

그런데 죽을 때는 이와 다릅니다. 나이가 들어, 혹은 질병으로 죽는 순간이 되면 본인도 울고, 그 임종을 지켜보는 주위 사람들도 우는 것입니다.

그런데 태어날 때 본인은 왜 그리도 우는 것일까요?
달라진 환경이 두려워서일까요?
"앙~!" 하고 우는 것이 어쩌면 "빵~!" 하고 우는 것인지도 모르지요. 살아가면서 빵을 얻기가 그리 쉽지는 않으니까요….
주변에서는 왜 그리들 웃을까요?
날 때의 그런 기분과는 달리 살아보니 괜찮아서일까요?

그러나 죽을 때는 왜 모두들 우는 것일까요?
역시 살아보니 너무 힘들어서일까요?
후회가 밀려와서일까요?
좋은 세상을 떠나서일까요?
혹 사람들과 세상의 것들과 헤어지기 싫어서일까요?

그런데 간혹 죽을 때 본인과 주위 가족들 모두 웃는 경우도 있습니다.
그들은 어떻게 그리 할 수 있을까요?
위와 같은 인생의 쓴맛, 단맛도 모르는 부족한 사람들이라서 그럴까요?

사도 바울은 왜 함께 즐거워하고, 왜 함께 웃으라고 했습니까?

그만큼 힘든 것이어서 특별히 얘기한 것일까요?

당연히 그래야 하는데 그렇지 못하기 때문입니까?

그러나 하나님은 우리에게 할 수 없는 것을 하라고 하시거나, 하지 말아야 할 것을 강요하시는 분이 아닙니다.

반드시 해야 할 것, 그리고 그리 지키면 심히 좋은 것을 말씀하시는 분입니다.

그리고 당신이 직접 그리하고 보여 주시는 분입니다. 우리가 슬프면 그 분은 우리보다 더 슬퍼하시고, 우리가 기쁠 때면 더 기뻐하십니다.

우리네 부모를 보면 쉽게 알 수 있습니다.

그렇다면 우리는 우리네 삶에 좀 더 웃으며 살 수 있고, 죽을 때도 모두 웃을 수 있게 됩니다. 내 삶에 내가 아파할 때 언제나 함께 아파하시고, 내가 기쁠 때면 더불어 기뻐하시는 그 분이 우리와 늘 함께 하시기 때문입니다.

아내가 빠진 가족(?)사진

저희 집 벽에는 사진이 몇 장 걸려 있습니다.

그 중 하나는 일반 사진 크기의 열여섯 배로 확대한 대형 사진입니다. 그것은 최근 여러 가지 사유로 가족들이 저와 함께 있을 수 없는 상황이 되면서, 제가 안방에 있는 제 책상 옆에 붙여 놓은 가족사진입니다.

그런데 그 사진에는 여주인이 빠져 있습니다. 아내는 빠져 있는 채, 저와 딸 아이 둘만 찍혀 있는 가족사진인 것입니다. 엄밀한 의미에서 가족사진이라 할 수 없지만, 그럼에도 제가 이 사진을 굳이 가족사진이라 부르는 데는 제 나름대로 이유가 있습니다.

그 사진에 보이지 않는 아내를 저만은 볼 수 있기 때문입니다. 저는 그 사진을 볼 때마다 사진에 나와 있는 세 사람보다도 실제로 아내를 더 많이 봅니다.

꽤 오래 전의 일입니다. 이용복이라는 시각장애인 가수가 있었습니다. 맹인인 그가 노래만 부르는 것이 아니라, 기타까지 치는 것을 보면서 '참으로 신통하기도 하다'라며 놀라워했던 기억이 납니다.

'보이지 않는 눈을 가지고 기타를 치며 악보를 익히는데 얼마나 힘이 들었을까!'

그런데 그에게는 그보다 더 신기한 이야기가 있었습니다.

우연히 그가 인터뷰하는 것을 보았는데, 기자가 그의 취미를 묻자, 용복씨는 티비 보는 것이라 답했던 것입니다. 과연 누가 들어도 놀랄 만한 취미 아닙니까? 앞을 볼 수 없는 맹인의 취미가 티비 보는 것이라니!

기자도 다를 수는 없을 터여서 다시 물었습니다.

"아니, 볼 수가 없는데 어떻게 티비 보기가 취미일 수 있지요?"

"저는 일곱 살 때 시력을 잃었습니다. 그 때까지는 볼 수 있었기 때문에 지금도 누가 무슨 말을 하면, 그 내용들을 정확히 머릿속에 그려낼 수가 있답니다. 그래서 티비를 보면, 극중 등장인물들의 대화를 듣고 그들의 동작을 짐작해 낼 수가 있는 것이지요. 저는 그것을 즐기는 것이랍니다."

정확히 말하면 그는 티비를 시청하는 것이 아니라, 라디오처럼 청취하는 것이라고 해야겠으나, 아무튼 그는 티비를 들을 때 여느 일반인과 똑같은 기분을 느끼는 것만은 틀림없는 것 같았습니다.

저도 그 사진에서 아내를 봅니다. 그 사진은 아내가 찍은 사진입니다. 사진에 찍혀 있는 세 사람은 부동자세로 고정되어 있으나, 저는 그 사진 속에서 열심히 움직이고 있는 아내를 만나는 것입니다.

아내는 사진을 잘 찍거나 카메라에 대해 잘 아는 편은 아닙니다. 그런데 그 사진은 아주 잘 나왔습니다. 그러기에 아이들이 확대를 했던 것이지요. 잘 찍어보려고 이리 저리 옮겨 다니면서 카메라를 들여다보며, 끙끙거리는(?) 아내를 그 사진에서 만날 때마다 저는 웃음이 나오곤 합니다.

"우리가 믿음으로 행하고 보는 것으로 행하지 아니함이로라"

고린도서에 있는 구절입니다.
가능할 것 같습니다.
아니 가능합니다!

사도 바울은 로마서에서 모든 사물에 밝히 보인다고 하였고, 눈에 보이는 것은 잠깐이요, 보이지 않는 것은 영원한 것이라고 했습니다. 책상 옆의 사진은 없어진다 해도, 그 장면은 잊힌다고 해도 아내의 모습은 계속 보일 것입니다.

왜 사람들은 지금 내 눈앞에 보이는 것들 뒤에서 그것들을 결과하기 위해 열심히 일하고 있는 그분을 보지 못하는 걸까요?!

'난' 유감

내가 여기서 말하고자 하는 '난'은 무슨 향내 그윽한 난(蘭)이 아닙니다. 악취가 가득한 '난(亂)'에 관하여 얘기하려는 것입니다.

요즘에는 이상하리만큼 난리가 많이 납니다.

신문이나 티비 등을 보고 있노라면 세상이 온통 난리 투성이입니다. 하루하루를 마치 난리통 속에 들어가 살고 있는 것 같은 착각 속에 빠지곤 합니다. 그저 일시적인 유행에 지나지 않는 현상이기를 바랄 뿐입니다. 하지만, 예를 들면, 금융대란, 전세대란, 환경대란 등등 무슨 대란이 그렇게도 많은지 모르겠습니다.

어느 일간지에 과거 2년 동안 출몰한 대란의 종류가 다음과 같습니다.

하도 궁금해서 인터넷을 검색해 본 결과입니다.

'전세대란, 환경대란, 교통대란, 금융대란, 실업대란, 귀경대란, 물류대란, 산불대란, 통신대란, 취업대란, 고용대란, 주택대란, 쓰레기대란, 의료대란, 경제대란, 해킹대란, 식수대란, 인터넷대란…….

후유!

'전세금 분쟁 해법 찾기 대란'이라는 길고도 해괴한 이름의 것도 있었습니다.

'난'은 한자로 '亂'이라 쓰고, 그 글자가 주로 의미하는 바는 '어지러움'이어서, '대란'의 문자적인 뜻은 '큰 난리', 혹은 '크게 어지러움'이 될 것입니다.

그런데 요즘 유행하는 그 '난', 또는 '대란'의 의미가 그런 고색창연한 뜻도 아니요, 무슨 '대단한 난리'라는 뜻도 아닌 그저 '조금 색다른 어떤 일' 정도에 지나지 않는다는 것을 알아차리기에는 좀 고지식하고 보수적인 저로서는 상당한 시간이 필요했습니다.

아직도 모든 것이 한국의 30년 전 만큼이나 느린 속도로 움직이는 스리랑카에 살아온 저로서는 모든 것이 현기증이 날 정도로 빠르게 변화하는 요즘 세상을 이해하고 쫓아가기에도 힘겨운 터에, 또 '난'(유행에 뒤떨어지지 않아야겠다는 강박관념이라도 있는 것인지 저도 한 번 이 단어를 써 보고 싶어졌습니다)이 '난리'를 쳐서 그것들을 이해하고 쫓아가는 작업이 퍽 힘들고 힘에 부치기 때문입니다.

임진왜란이나 한국동란을 임진大왜란이나 大한국동란이라 부르지 않습니다. 그런데 명절이나 연휴 끝에 좀 힘들게 귀경하는 일이나, 쓰레기가 좀 많이 발생하는 것 정도를 '대란'이라 할 수 있겠습니까?

아마도 대부분의 사람들이 위에 열거한 만큼 수많은 난리들 속에서 살아왔다는 사실을, 그리고 그것들을 헤치고 살아남게 되었다는 대견한 사실을 모르고 있을 것입니다.

임진왜란이나 병자호란 등은 대란 아닌 소란이나 중란인 듯합니다. 앞에 '대(大)'자가 없으니까 말입니다. 그럼에도 누구나 큰 난리로 알고 있습니다. 그런데 위에 열거한 대란들은 대란이라 이름 붙였음에도 불구하고, 그저 '좀 색다른 현상'정도로 밖에 여겨주지를 않으니 도대체 무슨 영문일까요?

이솝 우화에 나오는 '늑대소년' 이야기에서 그 소년이 외치던 '있지도 않은 늑대'와도 같은 현상이 아닐까 생각해 봅니다.

요즘에는 과자, 라면, 가전제품 등 상품 종류를 불문하고, 상품의 이름 앞이나 뒤에 '골드'니 '수퍼'니 하는 수식어 붙이기를 즐깁니다. 그것도 부족해서 '수퍼 딜럭스'도 있습니다. 아마 그 이전의 것보다는 개선되어서 좀 더 나아진 품질의 것임을 강조하기 위해 덧붙인 것으로 보입니다. 하지만 그것도 처음에는 그저 '딜럭스'로 시작했음이 분명합니다. 그러나 그것이 시간이 지나면서 그 효과가 감소하게 되고 점점 더 큰 이름(大名이라고 해야 할지?)이 필요하게 되자, 수퍼, 수퍼 딜럭스 등으로 발전(?)해 간 것으로 보입니다. 얼마나 품질이 더 좋아졌는지는 알 수 없습니다만, 더 좋은 것을 찾고 'gold'나 'super'를 좋아하는 한국인 소비자들의 심리를 절묘하게 포착한 상술이라 하지 않을 수 없습니다(물론 서양이나 다른 나라에도 없진 않습니다만).

하지만 지금은 웬만하면 다 골드나 수퍼여서 그러한 수식어들도 이제 '늑대'가 돼버리지 않았을까요?

그렇습니다. 이제는 '대란', '골드', '수퍼', 수퍼 딜럭스' 등이 모두 '그 보이지도 않는 늑대'가 되었습니다. 이제 저들(기자들이나, 또는 매스컴 종사자들, 제조업체의 상품작명가들이라고 할까요?)은 좀 색다르고 더욱 큰(화끈한) 표현을 발굴해 내거나, 조어(造語)를 해야 할 시점에 이르지 않았나 싶습니다. 예를 들어 대란은 태란(太亂)쯤으로 격상시킴이 어떨까 싶고, 골드는 '플래티넘'(platinum, 백금)으로, 또 수퍼는 '엑스트라 수퍼' 등으로 해보면 어떻겠습니까?

또는 '수퍼 대란'이나 '대골드'처럼 좀 뒤섞어 보면 더 강하게 어필할 수 있을 것 같기도 하고……, 아니면 '다이아몬드 수퍼'로 그 품위를 한껏 높여 볼 수도…….

사람들이 무감각해졌기 때문이지요.

무감각을 강요당했기 때문이지요.

그것은 세상에 시시각각 너무도 많은 일들이 쉬지 않고 일어나고 있기 때문이지요.

나의 일만으로도 충분히 바쁘고 정신이 없는 탓이지요.

내 주변 외의 것에는 신경 쓸 겨를이 없고, 관심이 멀어져 가는 탓이지요.

그리하여 여간 대단한 일이 벌어지지 아니하고서는 각자의 관심을 나누는 데 모두들 인색해진 게지요.

그러니 딱하게도 '大'나 '골드', 또는 '수퍼' 등으로 대단하게 포장을 해야만 했을 것입니다. 그렇다고 사전에 무슨 연구나 검토가 있었던 같지는 않아 보입니다. 사실은 아무런 의식도 없는 채 그리 되었을 것입니다. 누군가의 시작이 좋아 보이고, 튀어 보여서 그저 그 유행을 뒤쫓다 본 결과일 것입니다.

그런데 그 결과가 썩 좋아 보이지는 않습니다. 소비자들이나 독자, 혹은 시청자들의(아니 그냥 사람들이라고 하는 게 좋겠습니다) 무관심을 더욱 키워 놓은 꼴이 되었으니 말입니다.

이제는 피차 더 이상 갈 곳이 없을 것 같습니다.

'대란'을 능가할만한 어마어마한 말의 조어가 쉽지 않을 테니까요.

그런데 이와 같은 작금의 '대란'은 무책임하기 짝이 없는 매스컴의 횡포라 해야 할 것입니다.

신문이나 잡지 등의 제목을 훑어보노라면, 밤새 무슨 엄청난 사건들이 연달아 일어나기라도 한 것 같은 착각을 일으키기 십상입니다. 모든 기사들이 다 특종처럼 보입니다. 모두 '퓰리처'상이라도 받아야 할 기사들로 가득 메워져 있는 것 같습니다.

그러나 그 속의 내용은 전혀 그렇지만도 않은 분명한 속임수이지요. 이제는 누구나 실제로는 그런 기사가 없는 줄 잘 알고 있습니다. 그것들이 한낱 늑대소년의 외침에 지나지 않는다는 것을 이제는 모두 눈치 채고 있는 것입니다.

동시에 그러한 '늑대소년'이 이제는 실제 늑대보다도 더 무섭고, 늑대보다도 더 큰 해악을 끼치는 존재라는 것도 얼추 알아차리고 있습니다. 그리고 이제는 옥(玉)이 있어도, 석(石)으로 알거나 석에 휩쓸려 그 구별이 어렵게 되어 버리고 말았습니다.

자기 도끼로 자기 발등을 고의로 찍어버린 형국이지 뭡니까?

얼마나 무책임하고 어리석은 소치입니까?

그런데 '대란'만 난리인 것이 아니라, 또 하나 '바람(風)'이라는 것이 '바람'을 일으키며 '난리'를 치기도 합니다.

저들 식으로 하면 "風'대란'"이라고나 할까요?

북풍, 세풍(稅風), 사정풍(司正風), 그리고 총풍(銃風)까지!

오래 전에 여의도에서 있었던 '국풍잔치'는 그런대로 이해가 되었던 것 같습니다만……

앞으로 지금의 '그냥 風', 또는 '보통 風'으로는 무언가 모자란 듯하여, '대풍, 大風', 나아가 '태풍, 太風'으로까지 바람이 거세지겠지요. 그러다가 진짜 태풍에 무감각해지기라도 한다면 그것은 '무감각 대란'이 될 텐데 하는 우려도 있습니다.

그렇게 부화뇌동하지 않아도 오랫동안 변함없이 사람들의 관심을 끄는 방법이 있을 것만 같은데 말입니다.

어느 제과회사의 '맛동산'이라고 하는 스낵과자처럼, 골드나 수퍼의 힘을 빌리지 아니하고도 이삼십 년씩 소비자들의 사랑을 받아오고 있는 것들도 있으니까 말입니다.

그렇다면 문제는 이름이나 제목이 아니라, 그것의 실제 내용이라는 말이 됩니다. 아직도 정직한 제목과 있는 그대로를 성실하게 드러내 놓는 것이야말로 그 어느 최상급의 수식어를 동원한 수사보다 더욱 큰 설득력이 있을 것이라고 믿고 싶습니다.

그런데 사실 그 책임이 어느 특정인이나 특정 집단의 책임만은 아닐 것입니다. 우리 모두의 책임이라고 해야 할 것입니다. 모두들 남의 일에는 꿈쩍도 하지 않는 세상이 되어, 그러한 사람들을 꿈쩍하게 하기 위한 방편으로 동원된 궁여지책이라고 보아야 공평할 것 같습니다. 저들의 호구지책이나 자기방어가 아니고 말입니다.

저도 사실은 크게 다르지 않기 때문입니다. 직원들에게 무슨 일을 지시할 때, 처음에는 '이렇게 하면 좋다'가 '이렇게 하면 좋지 않다'로, 이것이 다시 '이렇게 하면 나쁘다'로, '이렇게 하면 경고 주겠다'로 점점 강한 표현으로 바뀌어 갔던 기억이 있습니다. 모든 지시가 협박조(?)가 아닌 것이 없을 정도가 되어 갑니다. 그렇지만 그 협박이 처음의 '이렇게 하는 것이 좋으니라'만 못하게 됩니다. 모든 지시가 과거(?) 군대에서나 쓰였을 법한 최상급의 강하고 격렬한 용어들만 난무하게 되었으니 말입니다.

이제는 너나 할 것 없이 모두가 "정'풍'대란'"이라도 일으켜야 하지 않겠습니까?

성경에는 말세가 오면 곳곳에 난리가 많을 것이라 하였는데, 혹 말세가 온 것은 아닌지 모르겠습니다.

손이 하는 짓들

인간이 다른 동물들과 확실하게 다른 점이 하나 있습니다. 바로 손을 사용한다는 점입니다.

사람만이 아니고 손을 가지고 있는 동물들이 있긴 합니다. 원숭이나 고릴라 따위가 그러합니다.

원숭이나 고릴라의 그것들이 과연 손인지, 아니면 그저 앞발로 분류해야 하는 것인지 모르겠으나, 손을 사용하되 사람과 그들 사이에는 분명한 차이점이 하나 있습니다.

다른 동물들은 그 손의 움직임이 사람들의 그것처럼 사고의 산물이 아니라, 단지 그때 그때 자신의 본능적인 욕구를 충족시키기 위한 도구에 지나지 않습니다.

사람도 일단은 동물인지라, 다른 동물들과 마찬가지로 미처 생각에 이르기 전에 자율신경의 작용만으로 먼저 본능을 충족시켜야 하는 움직임이 있음은 당연하겠지만, 그래도 사람은 다른 동물들과는 달리 역시 생각하는 존재입니다.

그러기에 인간은 위대한 존재일 수 있는 것입니다.

그런데 사람이면 누구나 가지고 있는 손이면서도 제각기 다릅니다.

시기와 질투로 동생을 쳐 죽인 가인의 손이 있습니다. 나그네를 죽도록 구타하고, 그의 보따리 등 모든 소유를 빼앗아 갔던 강도의 손이 있는가 하면, 그 나그네를 자신의 불편함을 무릅쓰고 큰돈을 들이면서까지 보살펴 주던 선한 사마리아인의 손도 있습니다.

예수를 팔고 은 30냥을 받아 챙긴 유다의 손도 있으며, 중풍병자인 친구의 병을 낫게 하기 위한 네 친구의 협동, 헌신, 사랑의 손이 있습니다.

재벌들로부터 엄청난 뇌물을 받아 쥐는 선량(?)들의 손이 신문에 자주 보도되기도 하며, 보험금을 노려 자식의 손가락을 잘랐다는 패륜의 손도 봅니다.

그런가 하면 국제올림픽에서 각종메달을 휩쓰는 자랑스러운 한국기능인들의 손도 있고, 야생동물을 보호하기 위해 평생을 헌신하는 사람들의 손이 있는가 하면, 자신의 사욕을 채우기 위해 몰래 동물들을 잡아들이는 밀렵꾼들의 손도 있습니다.

내 손은 어떤 손인지, 무엇을 하고 있는 손인지, 무엇을 할 수 있고 무엇을 하는 손이어야 하는지 자문해 봅니다.

샘이 한 구멍으로 어찌 동시에 단 물과 쓴 물을 낼 수 있겠습니까?

나는 뭘 가지고 있을꼬?

스리랑카에서 알고 지내는 어느 자매와 그의 딸과 외손녀, 그리고 그녀의 집입니다.

한국인의 기준으로는 차마 집이랄 수도 없는 구조물(?)입니다.

소박하다 말한다면 벌이라도 받을 것만 같습니다.

신발도 없습니다. 발에도, 밖에도, 밖에서 보이는 집 안에도…….

두 벌 옷도 없습니다.

저 작은 집에 침대가 있을 리 만무합니다.

플라스틱 의자 두 개와 허름한 장식장뿐, 가구란 거의 없습니다.

주방기구도 그릇과 냄비 몇 개뿐입니다.

하여튼 없습니다.

그런데 이 집에 많은 것이 하나 있습니다.

사진에서 보듯 얼굴 가득한 웃음입니다.

아무 것도 없는데 항상 웃습니다.

이상하지요……

내가 찾아갈 때면 비스킷이나 바나나 등을 내옵니다.

제발 그러지 말라고 당부를 하곤 하지만 요지부동입니다.

먹지 않으면 몹시 섭섭해 합니다.

비스킷은 우리 기준으로 볼 때 아주 싸구려이고, 바나나는 열대지방인지라 이미 물리게 먹은 것이어서, 사실 별 맛도 없지만, 나는 맛있게 먹고 나옵니다.

그 안에 웃음과 사랑과 정이라는 맛이 함께 담겨 있기 때문입니다.

그들은 이제 한 끼 정도 굶어야 한다는 것을 나는 압니다.

그리고 나는 속으로 웁니다.

하지만 저들은 여전히 웃습니다.

이미 넉넉하다는 생각 때문입니다.

재벌가의 자살 소식이 심심치 않게 전파를 탑니다.
평생 모든 것을 다 가지고 살았지만, 잠시 덜 가졌을 때 생기는 일인 듯싶습니다.
그들에게 웃음은 있는 걸까요?
혹 없거나 드물지는 않을까요?
그렇다면 그것은 아직 부족하다는 생각 때문일 것입니다.

누가 가진 자이며, 누가 없는 자일까요?
무엇이 저 여인들로 웃게 하는 것일까요?
저들은 바보인가요? 아니면 슬기로운 것인가요?
저들을 웃게 하는 힘의 원천은 무엇일까요?

그 원천을 찾아 알고 있는 여인들입니다.

미련하기는!

아름다운 관계라는 말은 언제 들어도 듣기 좋습니다. 그것이 누구와의 관계든지 간에 아름다운 관계는 그려 보기만 해도 기분이 좋아집니다. 그런데 이 '아름다운'이라는 단어는 달리 더 적합한 말을 찾지 못해 쓴 것일 뿐입니다. 우리말의 '아름다운'은 영어의 'Beautiful'보다 훨씬 더 깊고, 더 넓고, 더 많은 의미를 아우르고 있는 그야말로 아름다운 단어입니다.

그럼에도 더 좋은 단어는 없을까 하고 욕심을 부려 보았습니다만 마땅치 않군요.

제 아내는 언젠가부터 자주 허리아픔(腰痛)을 호소해 왔습니다.

그것이 언제부터인지, 얼마나 고통스러운지를 잘 모르고 있던 저는 제 자신이 너무나도 부끄럽습니다. 저는 누구와 아픔을 나누는 데는 너무나도 인색한 사람입니다. 이제까지 아내의 그러한 아픔들을 상관도 하지 아니하고 오랫동안 함께 살아 왔으니 말입니다. 아픔을 호소할 때, 따뜻한 마음과 따뜻한 손으로 그녀의 그 아픈 곳을 어루만져 준 기억이 별로 없으니, 저는 목석이나 다름없는 자 아닙니까!

밖으로 나타나고 알 수 있는 물리적 통증에도 그처럼 무관심했으니, 하물며 제가 알기 쉽지 않은 속내야 두말할 것도 없지요.

그렇게 오랫동안 죄(?)를 져왔던 저는 한 동안 두려웠습니다. 혹 아내가 이제는 아예 포기하고, 앞으로는 일체 표현조차 하지 않으면 어쩌나 하는 두려움이었습니다. 이제는 그 아픈 곳에, 몸이든 마음이든, 관심을 좀 쏟고 어루만져 줄 수도 있을 것 같다는 생각이 드는데, 정말로 호소하기를 그쳐 버린다면, 그것은 나아가 서로 상대방에 대한 관심까지도 그치게 하는 엄청난 결과를 초래할 수도 있을 것이라는 두려움이었습니다.

그러나 그런 일은 일어나지 않았습니다. 앞으론 좀 잘 해보렵니다. 전에는 허리 아픔에 대꾸조차 하지 않았으나, 최근에는 기쁜 마음으로 허리를 주물러주는 정도까지 발전했습니다. 지금은 조금 더 나아져서, 아픈 기미가 보이면 제가 먼저 물어보고 서비스 할 수 있는 정도까지 눈부신(?) 발전을 이룩했습니다. 그 변화가 아직은 변변치 않아 아내는 그 차이를 알아채지 못한 눈치지만, 뭐 어떻습니까?

다른 분들이 들으면 웬 시답잖은 소리냐며 일축해 버릴 좀 우스운 얘기일지도 모릅니다. 하지만 저에게는 쾌거가 아닐 수 없습니다.
참 더듬고 미련하기는 하지만, 뭐 어떻습니까?

이렇게 늦깎이로라도 깨달을 수 있게 되었으니 그나마 참 다행 아닙니까?

그런데 부끄러웠던 점을 이렇게 바로 잡고 나서도 부끄럽기는 매일반이군요. 하지만 내친 김에 더 말씀드리자면, 그러다 보니 둘 사이가 어쩐지 전에 비해 더 가까워진 것 같기도 하고, 또 전과는 다른 새로운 감정들이 솟아나더라는 말씀입니다.

부부는 아름다운 관계이고, 아름다운 관계로 만들어가야 한다는데, 저도 듣기만 해도 아름다움이 물씬 느껴지는 그런 부부관계를 만들어 보렵니다. 그런 관계는 자식들이 보기에도 즐거울 것이며, 그런 부모는 자식들을 볼 때도 전과는 다른 더욱 다정한 눈으로 볼 수 있으리라 믿습니다.

이제 나아가 마음의 아픔도 어루만져 주는 더욱 세련된 능력을 키워 보렵니다.

그런데 저희 부부는 최소한 백 년 이상 살아야 할 것 같습니다.

그 동안 수많은 어려움 속에서도, 참으로 보잘것없는 남편에게 보여준 아내의 사랑과 헌신, 응원과 기도를 어설피 짧은 세월로는 다 갚을 수 없을 것만 같아 그렇습니다.

갈등, 그것 참!

제 친구 하나가 시골에 홀로 계시는 어머니의 거취 문제로 최근 아내와 크게 다투었답니다.

 그 친구는 장남은 아니지만, 그의 형은 살림이 매우 어렵고, 제 친구가 그 집안에서 대학을 나오고 또 직장에 다니는 유일한 사람이지요.

 어느 날 아내에게 "어머니를 우리가 모시면 어떻겠느냐?"고 어렵사리 운을 떼었다가 "왜 장남도 아닌 우리가 모셔야 하느냐?"며 싫은 소리만 바가지로 듣게 되었다는 사연입니다. 결국 "형님의 빤한 사정을 당신도 잘 알면서 어떻게 시골에 혼자 계시는 어머니를 모른 체 할 수 있느냐?", "당신은 도대체 부모도 없소?"라며 언성을 높이게 되었고, 그렇게 발단이 된 다툼은 쥐꼬리만 한 봉급과 가난한 집안 탓 등의 범위를 넘어 보따리를 싸느니 마느니 하다가, 급기야 이혼 운운하는 사태로까지 번지고 말았다는 것입니다.

 이런 살벌한 분위기를 느끼셨는지, 어머니는 절대 서울에 와서 살지는 않겠다고 고집을 피우고 계셔서, 며칠 째 아내와 말없는 전쟁을 계속하고 있다는 것입니다. 회사에 나가도 심기가 그런 형편인지라 도무지 일이 손에 잡히지 않는다는 하소연이었습니다.

그런데 비단 그 친구뿐 아니라, 혹 적지 않은 남편들이 그와 비슷한 갈등을 경험하고 살고 있지는 않을까요?

대가족 제도가 무너지고 핵가족이라는 이름의 제도 아닌 제도가 그 자리를 대신하게 되면서 부모 부양은 커다란 사회 문제로 대두 되었고, 급기야 부모를 부양하는 자식에게는 제도적으로 상속에 유리하게 해준다는 희한한 발상까지 나오게 되지 않았습니까!

하지만, 요즘은 상속을 좀 더 받으나 조금 덜 받으나 사는데 별 문제가 없는 세상이 되었는데, 그런 물리적 제도가 무슨 위력이나 발휘할 수 있겠습니까?

효(孝)를 좇자니 임이 울고, 사랑을 따르자니 불효자가 된다는 것이지요. 〈아내에게 바치는 노래〉를 부르면서, 동시에 〈불효자는 웁니다〉를 부르는 서글픈 신세가 자신의 자화상이라는 것입니다.

애정이나 효도 중 어느 하나만을 선택할 수는 없는 노릇인지라, 둘 사이에서 어려운 줄타기를 하고 있다고 합니다. 마치 아슬아슬 곡예비행을 하는 조종사와도 같이 둘의 틈바구니에서 온갖 재주를 부려야만 하는 것이 자신의 현재 모습이라고도 합니다. 그러자니 어느 한 곳에도 충실하지 못하게 되고, 자책감과 자괴감과 스트레스만 쌓여간다는 하소연은 참으로 안타까웠습니다.

그래서 그 친구가 어느 코미디언이나 성격 배우도 감히 흉내낼 수 없는, 웃는 것도 그렇다고 우는 것도 아닌 이중적 표정의 소유자가 되었는지 모르겠습니다.

한국의 여성들이 동경해 마지않는 서양에서는, 우리와는 반대로, 고부간이 아닌 '장서'(?, 이런 말이 있는지 모르지만, 장모와 사위 사이를 말합니다) 간의 문제로 골머리를 앓고 있는 가정들이 많다고 합니다.

한국에도 서양에서와 같은 현상이 이미 시작된 듯합니다. 그렇다면 위의 친구처럼 한국의 여성들이 이제 조만간 sandwich woman이 될지도 모르겠지요?

남편과 친정어머니 사이에서 말입니다.

저는 제 친구가 옳다거나, 그의 부인이 옳다거나 판단하지 않습니다. 저 개인적으로는 어머니를 모시고 있지만, 기회가 되고 또 사정이 허락하면 모두 다 함께 사는, '大大大' 가족제로 돌아가 살고 싶습니다.

성경은 말씀해줍니다.

"네 부모를 공경하라 그리하면 나 여호와가 네게 준 땅에서 네 생명이 길리라"

"자녀들아 너희 부모를 주 안에서 공경하라 이것이 옳으니라 네 아버지와 어머니를 공경하라 이것이 약속 있는 첫 계명이니 이는 네가 잘 되고 땅에서 장수하리라"

작은 자

참으로 정열적인 이 꽃은 빨강 한 가지 색만으로도 충분히 아름답습니다. 스리랑카에 흔한 '꽃기린'이라는 꽃입니다. 그런데 빨간 꽃 속에 작은 녹색의 악센트들이 더해짐으로 훨씬 더 조화롭게 보입니다.

사람들은 저마다 큰 자가 되기 위해 혼신의 힘을 기울이며 삽니다. 하지만 우리네 삶터 역시 이 꽃의 작은 녹색 악센트처럼 작은 자들이 없이는 최상의 조화를 이룰 수 없습니다.

중소기업들이 없다면 대기업은 무척 힘들 것입니다.

요즘 KTX 열차도 작은 나사 하나로 큰 문제를 일으킨 것을 보게 됩니다. 그러기에 예수님은 우리에게 '작아지거라, 겸손하거라'라고 말씀을 하시는가 봅니다. 그리고 달란트 예화를 주셨습니다.

작은 자로 세상의 악센트가 되는 삶을 소망해 봅니다.

열린 마음, 닫힌 마음, 넓은 마음

열린 마음이라고 할 때의 '열린'이라는 단어를 많은 사람들이 좋아하는 줄 압니다. 그러기에 이 '열린'이라는 단어를 사용하는 표현이나 제목들이 그렇게도 많은 것 아니겠습니까!

열린 마음, 열린 음악회, 열린 사회 등이 그 예들입니다.

나 역시 이 '열린'이라는 단어를 참 좋아합니다. '열린 마음'을 좋아하느냐 아니냐와는 관계없이 그저 그 어감이 좋고, 또 그 말이 주는 긍정적인 느낌이 좋은 것입니다.

사람들은 열린 마음을 좋아합니다.

열린 마음 그 자체도 좋아하지만, 그 말을 입에 올리는 것 또한 좋아합니다. 자신의 마음이 열린 마음이라고 말할 때는 두말할 나위 없이 그 말을 입에 올리기가 흥겹고 즐거울 터입니다. 그런데 남에게 '열린 마음을 가져야 한다'는 말을 해줄 때에는 그 좋아하는 기색이 더욱 역력해지는 듯싶습니다. 그 이유는 어쩌면 다른 이에게 그러한 충고를 한다는 자체가 자신은 이미 열린 마음의 소유자이고, 또 내심 열린 마음을 가진 자만이 남에게 그러한 충고를 할 수 있지 않겠느냐는 전제를 암묵적으로 승인하고 있을 것이기 때문으로 짐작됩니다.

나도 열린 마음을 가지라고, 아니 더 정확하게 표현하자면 '마음을 열라'는 충고를 가끔 듣습니다. 그것은 물론 나의 마음이 닫혀 있는 상태이거나, 열려있다 하더라도 충분히 열려 있지는 않기 때문에 듣는 충고일 것이어서 새겨듣고 있습니다.

그런데 요즈음 나에게는 이 '열린 마음'의 마음 상태와 그 말의 정확한 뜻을 이해하는데 약간의 혼란이 생겼습니다. 지금까지 나는 그 뜻을 '겸손하게 모든 것(더불어 사는 사람들과 그 안에서 벌어지는 제반 현상을 망라)을 포용하고 이해할 수 있는, 이해하는 마음 씀씀이'라고 이해하고 있었습니다.

사람들도 그런 뜻으로 말하고 있을 것으로 알고 있었고…….

그런데 요즈음 약간의 혼란이 일어나게 된 것입니다.

그간 찬찬히 살펴본 바, 주장하는 '열린 마음'을 소유하고 있고, 열린 마음을 자주 말하는, 또 말하기를 좋아하는 사람들이 그렇지 아니한 사람들보다 사실은 훨씬 더 많은 문제와 분쟁들을 일으키고 있음을 알게 되었는데, 아마도 이로 인한 혼란으로 생각됩니다.

왜 그럴까요?

사람의 마음처럼 추상적인 개념도 흔치 않을 것입니다. 그러기에 그것이 어디로부터 오는지, 무엇이라 정의해야 하는지가 그리 간단치 않은 것입니다. 그럼에도 그 마음이라는 대상을 마치 구체적인 형상을 가진 무슨 물건과도 같이 취급한다는 점이 흥미롭습니다.

'마음을 들여다본다'는 의미는 마음은 보이지 않는 것인데도 사람들은 '본다'는 것이며, 남의 그것을 굳이 '봐야겠다'는 것입니다. 또는 '마음을 쓴다'라고도 합니다. 마치 손이나 젓가락을 사용하기라도 하는 것처럼 마음도 '쓰는' 것입니다.

한자말로도 '흉금(胸襟)을 털어 놓는다'라는 표현이 있습니다. '胸'과 '襟', 둘 다 가슴, 마음, 생각 등의 뜻을 가지고 있습니다. 볼 수도, 만질 수도 그러기에 잡을 수도 없는 극히 추상적이기 짝이 없는 것을 이렇게들 표현하는 것을 보면, 아마도 마음이라는 것은 항상 내가 지니고 다니면서 내 맘대로 부리는(?) 것이기 때문에, 너무나도 친숙한 나머지, 그 복잡하고 다루기 어려운 것을 그렇게도 함부로 '쓰는' 것은 아닐까 생각해 보았습니다.

그런데 마음을 볼 때는 마음의 눈으로 보아야 하고, 마음을 쓸 때도 마찬가지로 마음의 눈으로 쓰는 것입니다. '아직도 나는 눈을 감으면 종종 어릴 적 친구들과 같이 놀던 고향 뒷동산을 볼 수 있다.' 이렇게 눈을 감고도 본다는 것이니, 마음의 눈으로 보는 것입니다.

우리말의 '마음'은 그 의미가 영어보다 훨씬 넓고도 깊어 보입니다.

영어사전을 찾아보면, mind, spirit, heart, idea, thought,

mentality 등의 해석을 볼 수 있습니다. 영어가 이렇듯 많은 뜻을 포함하고 있다 할지라도, 그것들이 비교적 다 손에 잡히는 분명한 의미의 것들인데 반하여, 우리말의 '마음'은 그리 쉽게 규정 가능한 단어는 아닌 듯합니다.

하여튼 마음이라는 것은 이처럼 보기도 하고, 쓰기도 하고, 또 털어 놓기도 하는 것이기에, 마음은 열거나 닫기도 하고, 열 수도 닫을 수도 있는가 봅니다.

그렇지만 그처럼 복잡한 대상이기에, 쉽사리 상대하거나 단정해서는 아니 되는 존재일 것만 같습니다. '열린 마음'을 소유하고 있고, 열린 마음에 대해 자주 말하는 사람들이 그렇지 않은 사람들보다 훨씬 더 많은 문제를 일으키더라는 관찰이 반드시 '참'은 아닐지 모르지만, 그렇다고 한마디로 일축해 버리기에는 불행히도 너무나 바른 얘기인 것 같습니다.

'열린 마음', '닫힌 마음'으로 사람들의 마음을 양분했을 때의 그 마음들이라는 것이 실은 많은 경우에, 아니 어쩌면 대부분의 경우에, 그 사람들 본래의 성격을 말하는 것에 지나지 않을지도 모릅니다. '열린 마음'의 사람들은 자신의 성격이 활달하고, 말하기를 즐겨서 급기야는 간섭을 해야 직성이 풀리고, 더 나아가서 일 만들기를 좋아하여, 그 결과로 오히려 문제나 분쟁의 씨앗을 뿌리는 경우가 많은 것입니다. 그리고 자기와 다른 성격을 가진 사람의 마음은 그만 '닫힌 마음'으로 단정하는 경우들을 보게 됩니다.

그러나 나는 이러한 단정이야말로 닫힌 마음의 소산이라고 해야 하지 않을까 생각하는 것입니다.

"허물을 덮어주는 자는 사랑을 구하는 자요 그것을 거듭 말하는 자는 친한 벗을 이간하는 자니라"

"두루 다니며 한담하는 자는 남의 비밀을 누설하나, 마음이 신실한 자는 그런 것을 숨기느니라"

이런 잠언들은 마음을 열어 놓기만 했을 뿐, 그 상태를 적절히 제어하지 못하는 경우에 자칫 범하기 쉬운 잘못을 경고하는 가르침일 터입니다.

열린 마음은 널리 쓰이고 있는 이제까지 말한 정도의 의미를 가진 마음을 말하는 것은 아닐 것이어서, '열린 마음'이란 이제 처음에 말한 '겸손함으로 모든 것을 포용하고 이해하는 마음 씀씀이'가 더 바른 정의여야 한다면, 그 마음은 '넓은 마음'이라고 해야 더 정확한 표현이 될 것입니다.

'열리다'라는 상태는 무엇을 받아 담아 놓을 수 있는 내부 공간의 '넓이'에 대한 개념이 포함되어 있지 않습니다. 활짝 열렸느냐, 살짝 열렸느냐 하는 문제는 차치하더라도, 언뜻 듣기에는 열려 있기 때문에 잘 받아들이고 남의 출입도 용이한 듯합니다. 그러나 열었다손 치더라도, 그 수납공간이 비좁아 금방 다시 토해내야만 하는 경우들을 심심치 않게 만나게 됩니다.

이에 반하여 '넓은 마음'의 '넓음'은 열린 마음의 '열림'보다 훨씬 상위 개념이라고 생각됩니다. 문을 설혹 덜 열어 놓았거나, 원래 문의 크기가 과히 크지 않더라도 일단 들어가기만 하면, 그 안이 매우 넓어 오히려 포근하고 안정감을 줄 수 있는 것입니다. 가령 20평짜리 아파트와 40평짜리 아파트의 문 크기는 같습니다. 좁은 문이라 해서 그 넓이가 좁다거나, 문이 열리지 않았다 해서 그 넓이가 아예 없을 것이라는 단정은 좀 위험한 사고 아닐까요? 무뚝뚝하여 언뜻 덜 열린 듯 보이는 '노란 셔츠의 사나이'의 마음이 얼마든지 넓을 수 있듯이 말입니다.

"사람마다 듣기는 속히 하고 말하기는 더디 하며, 성내기도 더디 하는" 마음이야 말로 넓음까지도 포함한 진정한 열린 마음이라고 할 수 있을 것입니다.

협소한 공간에 문을 활짝 열어 놓으면 그 안에 보이지 않아야 할 것들이나, 지저분한 장면들이 보일 수 있기 때문에(이것을 '참 인간적이지 않느냐'라고 말한다면, 그것은 무책임하다 해야 할 것입니다), 오히려 피해를 줄 수도 있습니다. 그러나 넓은 공간에 딸린 문은 그 문이 좁다 하더라도 그 안에 들어가 보고 싶고, 들어가서 쉬고 싶어지는 것입니다.

이제 '열린 마음'을 가지고 있으며, 또 그 말을 하기 좋아하는 사람들은 자신들이 '열린 마음'이라고 할 때의 '열린'에는 '넓은'이라는 의미가 이미 포함되어 있다고 주장할는지 모릅니다. 하지만 이제는 넓은 마음으로 그 표현을 바꾸고, 또한 단지 열리기만 한 마음이 아닌 명실상부한 넓은 마음을 갖도록 힘써야 할 것입니다.

나는 아직 '넓은 마음'을 갖고 있지 못합니다.

닭장 속의 닭

굴레(철창) 속의 닭의 무리입니다.

제각각 두리번거리며 바쁩니다. 내일의 운명을 모르는 채……,

저들이 그 굴레를 벗어날 수 있는 길은 죽음뿐일 것입니다.

나 자신 그 점에 있어서는 저들과 다르지 않습니다.

다른 점이 있다면 나는 그 굴레를 스스로 만든다는 점일 것입니다.

사람도 나의 옛 자아(the old self)를 죽여야만 그 굴레로부터 자유할 수 있습니다.

그런데 아직 그 굴레를 벗지 못하고 있다면, 혼자 힘으로는 그것을 처리할 능력이 없기 때문이 아닐까요?

그 굴레로부터 어떻게 벗어날 수 있을까요?

엉뚱한(?) 사람

교제하던 현지인 형제 하나가 저희 집에 왔던 날입니다. 비가 몹시 오던 그 날 저녁, 저는 참으로 많은 은혜(감동)를 경험하게 되었습니다.

약속은 미리 되어 있었지만, 비가 엄청나게 쏟아지고 있기에 저는 그가 오지 않을 줄 알았습니다. 그 나라에서는 많은 이들이 평소의 교통수단으로 자그마한 오토바이를 이용하기 때문에(대중교통수단도 신통치 않은데다가), 사전에 약속을 했더라도 그 시각에 많은 비가 내릴 경우, 혹 약속을 어겨도 일반적으로 양해가 되는 실정이지요.

그래서 별 기대를 하지 않고 있었는데, 약속 시간이 되자 그가 나타났습니다!

한치 앞도 분간키 어려운 그 같은 폭우를 뚫고 오토바이를 달린다는 것은 매우 위험한 일 아니겠습니까? 그럼에도 약속시간을 지키기 위해 그는 '폭우 속 야간 질주'를 감행했던 것입니다.

엉뚱한(?) 사람이라 해야겠지요?

그런 그의 방문이 저에게 큰 은혜가 되었습니다.

　엄청나게 쏟아지는, 그야말로 장대 같은 빗줄기로 인해 집에 들어서는 그의 옷은 흠뻑 젖어 있었습니다. 옷을 입은 채 방금 물에 들어갔다 나온 것처럼 말입니다. 몸도 닦고, 옷의 물기도 좀 닦아내도록 큰 수건을 하나 건넸습니다. 그런데 그는 막무가내로 사양하는 것이었습니다.

　웬 일일까?

　그러나 너무 젖어있었기에 다른 방도를 찾은 끝에 부엌용 큰 티슈 타월을 줘 보았습니다. 그제야 받아들고 물기를 닦는 것이 었습니다. 자기가 수건을 사용하게 되면 더럽혀지게 되고, 그러 면 또 누군가 그것을 빨아야 한다는 생각이 그로 하여금 수건을 사양하게 했던 것입니다. 자신의 불편함은 아랑곳하지 않고, 이 웃의 수고만을 걱정하는 참으로 사려 깊은 모습을 보았습니다.

　엉뚱한 사람이었습니다.

큰 은혜를 받았습니다.

그는 저희 집을 떠날 때면 나서기 전 반드시 기도를 해 주고 갑니다. 그날도 어김없이 기도를 하고 있는데, "비를 필요로 하는 이들이 많을 텐데, 그들에게 이처럼 풍성한 비를 허락하셔서 감사합니다."라는 대목이 있었습니다.

그렇게 고생을 하며 오토바이를 달려야 했고, 꼭 물에 빠진 생쥐꼴(?)을 하고 있던 것이 불과 한 시간 전의 일이었는데, 그의 입술에서는 어찌 이리도 자연스럽게 감사가 나오는가!

참으로 엉뚱한 영혼의 소유자였습니다.

또 다른 은혜를 받았습니다.

그날 저에게는 이와 같은 그의 엉뚱한 짓들을 통하여 한 시간 사이에 세 차례나 '은혜를 깨닫는 은혜'가 주어졌습니다. 이것은 덤으로 얻은 그날의 은혜가 아닐 수 없습니다.

저도 감사했습니다.

감동은 이런 것인가 봅니다.

오늘을 사는 많은 사람들이 별로 하기 좋아하지 않는 그런 짓을 하는 그 사람은 엉뚱한 사람이지요?

몸매가 날씬한 이들

많은 한국인들이 동경해 마지않는 날씬한 몸매의 사람들만 사는 곳을 소개합니다.

이 사진은 스리랑카 난민촌을 방문했다 찍어둔 사진 중 하나입니다.

야자수 잎으로 엮은 초가지붕에는 구멍이 숭숭 뚫려 있습니다.

밤에 자리에 누우면 그 사이로 별 하나, 나 하나를 헤아리는 그런 낭만적인 구멍이 아니라, 열대 특유의 스콜(소나기)이라도 쏟아질라치면 방바닥을 금세 물바다로 만드는 그런 구멍들입니다.

절대 빈곤에 허덕이는 가난한 나라인지라, 저들에게는 언제 이 난민촌을 벗어날 수 있을지, 기약이 없습니다.

화장실이나 하수도도 없습니다. 하루 한 끼밖엔 못 먹는다 해서 화장실이나 하수도가 없어도 되는 것은 아닐 텐데…….

온갖 질병에도 그대로 노출된 채 방치되어 살고 있음은 물론입니다.

사람들의 미움, 시기, 다툼(내전)의 결과물입니다.

20여 년에 걸친 내전이 종식되었다고는 하나, 저들의 상처는 언제나 아물게 될지요?

미움이나 시기와 다툼이 없는 사진 속의 나무들은 푸르게 잘 자라고 있는데…….

부모 자격?

우리는 지금 예전보다 훨씬 더 편리하게 잘 살고 있고, 아무런 부족함도 없는 듯 보이지만, 뒤끝이 없는 환한 웃음은 오히려 날이 갈수록 부족해지는 것 같습니다.

영어식으로 표현하자면 '플라스틱' 웃음이나 개그맨들의 강요로 인한 허전한 웃음만 난무할 뿐입니다.

비행청소년 양산의 배후에는 부모 또는 성인, 그리고 교육기관이 도사리고 있습니다.

어른들은 자신도 모르는 사이에 자녀들을 실족케 하는 행위들을 많이 저지르며 삽니다.

우리에게는 스스로 잘 알지도 못하고 깨닫지도 못한 채 저지르는 일들이 너무나도 많으니까요. 물론 시행착오라 할 수 있는 부분도 있겠지요.

동방에서 가장 의로운 자였다는 욥의 고백이 생각납니다.

"무지한 말로 이치를 가리는 자가 누구니이까 나는 깨닫지도 못한 일을 말하였고 스스로 알 수도 없고 헤아리기도 어려운 일을 말하였나이다"(욥 42:3).

그런데 말이 시행착오지 엄청난 결과를 가져올 수 있는 돌이킬 수 없는 잘못들이 얼마나 많이 저질러지고 있는지 모릅니다. 대부분의(아마 모두라고 해도 과언은 아닐 것입니다) 부모들이 아이들을 다 키워 놓은 시점에서 과거를 뒤돌아보며 후회를 하거나 반성을 합니다. '지금이라면, 혹은 내가 아이들을 다시 키운다면 이렇게 저렇게 더 잘 키울 수 있을 텐데'라고 할지, 또는 '이런 저런 실수는 하지 않을 텐데' 하는 등의 이야기 말입니다. 바로 이런 회한들이야말로 스스로 잘 알지 못하고 아이들을 키워 왔다는 반증이 아니고 무엇이겠습니까?

대부분의 부모들이 아직 아이를 키울 만한 채비를 갖출 인생 경험이 없는 시점에서 아이들을 낳고 그들에게 감히 인생을 가르치고 있습니다. 물론 저도 예외가 아닙니다.

아니면 아이들이 저절로 이렇게, 혹은 저렇게 스스로 자라나고 있는지도 모릅니다. 많은 부모들로부터 "어느 날 보았더니 아이가 다 컸더라"라는 말을 자주 듣습니다. 그런데 바로 이러한 독백이야말로 그에 대한 반증이 아니고 무엇이겠습니까?

아이를 키울 수 있을만한 경험도 갖추고, 깨달을만하면 이미 더 이상 아이 키울 일이 없는 나이가 됩니다.

어떤 학자들은 실제 그렇게 주장하고 있습니다.

대부분의 부모들이 자녀들을 어떻게 키워야 하는지 잘 알지도 못하는 나이에(같은 어린 나이에) 아이들을 낳아 키운다는 것입니다. 일반적으로 결혼을 하게 되는 20~30세의 나이는 아직 아이를 키울만한 나이가 아닌 어린 나이라는 것입니다. 바꾸어 말하면, 나이가 들어 육체적으로는 성인이 되었다 할지라도, 정신적으로는 아직 누구를 양육하고 가르칠만한 성숙함에 이르지 못했다는 것이지요. 전적으로 동의할 수는 없을지 모르지만, 그렇다고 결코 그르다고 무시할 수만도 없는 퍽 일리 있는 주장이라 하지 않을 수 없습니다.

두려운 일입니다!

아이를 낳아 기르고, 가르침에 있어 정말로 겸손함으로 항상 지혜를 구하는 기도를 게을리 하지 않아야 하는 또 다른 소이가 여기 있습니다.

학교 공부로는 부족하기만 합니다. 아니 아이들에게 오히려 해를 주고 있지는 않은지……,

내가 박사학위를 가졌다 한들, '스포크' 박사의 육아법을 통째로 암기한다 한들, 그 결과를 장담할 수 없습니다. 의식적인 동의 수준의 지식만 가지고는 안 됩니다. 깨달아 아는 지혜가 필요합니다.

그런데 내가 깨달아 아는 지혜가 부족하니 어찌 해야 합니까?

기도를 통하여 지혜의 보고에서 그 지혜를 빌리는 수밖에는 다른 도리가 없지 않을까요?

"아이들을 바르게 인도할 줄 아는 지혜를 허락하여 주옵소서"
라고…….

세대 차이?

— I —

세대차라는 말이 있지요.

오늘을 사는 우리들은 마치 서로 아무런 관계도 없는 것과 같은 어느 한 군중 속의 고독한 존재라 할 수 있습니다. 물론 '그러한 우리'들이 모여 만들어지는 '군중' 역시 고독하기는 마찬가지일 것입니다.

요즈음에는 세상이 메말라져만 가고, 사람들과 더불어 사람들 속에 있으면서도 우리는 외로움을 느낍니다. 서로 깊고 진정한 대화의 교환이 갈수록 드물어져만 갑니다. 만나면 그저 말초신경만을 자극하는 이런 저런 가십(gossip)만을 가지고 유희할 뿐, '너와 나' 그리고 '우리들'에 관한 이야기는 자취를 감춘 지가 오래인 것입니다. 만남이 더 이상 나와 너의 내면과 관련된 속 깊은 것이 되지 못하고, 그저 서로 기계적으로 거기 서있을 뿐이게 된 것입니다.

그러기에 우리는 무리들 가운데 있을지라도 고독을 느낍니다. 그 고독은 이제 우리 가운데 너무나도 깊이 뿌리를 내려, 우리는 그 중독자가 되었으며, 그 증상은 치유 불가능하게까지 보입니다. 내일의 세대 역시 그 가운데 있기에, 그리고 그 가운데서 자라고 있기에 이제 그들 또한 고독한 세대가 될 수밖에는 없어 보입니다.

헨리 나우웬(Henri J. M. Nouwen)은 《상처 입은 치유자》 (*The Wounded Healer*, 두란노, 1999)라는 그의 저서에서 "어른의 권위가 무너짐에 따라 젊은이들은 더욱 더 서로의 포로가 되고 있다. 어른의 통제가 사라지면서 젊은이들 상호 간의 통제가 강화되고 있다."라는 데이비드 라이즈만의 말을 인용하면서 다음과 같이 말하고 있습니다.

"오늘날의 젊은이들에게는 아버지 대신 또래가 기준이 됩니다. 성인, 세계 권력자들의 명령이나 기대, 그리고 불만에는 전혀 관심을 보이지 않는 많은 젊은이들이 동료들이 자신에 대해 어떻게 느끼고 어떻게 생각하며 어떻게 말하는가에 대해서는 상당히 민감하게 반응합니다. 어른들이 자신들을 불량배나 기성사회의 이탈자로 보는 것에 대해 그들은 개의치 않습니다. 그러나 그들이 속하고 싶은 또래 집단에서 따돌림을 당하는 것은 그들에게 힘든 경험이며, 심지어 또래의 일방적인 횡포에 볼모가 되기도 합니다."

이 이야기를 바꾸어 말하면, 요즘 젊은이들은 자신이 속해 있는 또래 집단과 보조를 맞추어야만 하며, 그들과 함께하는 것이 매우 중요하다는 말이 됩니다. 생각, 말, 행동, 차림새 모두 말입니다. 대두되고 있는 초중고 학생들의 '따' 또는 '왕따' 문제만 하더라도 바로 그것과 같은 맥락으로 이해(?)할 수 있을 것입니다.

이것을 다시 말하면, 이러이러한 현재의 상황이나, 흐름 또는 형편을 나 혼자 흐트러뜨린다는 것이 매우 어렵고, 대신 또래들처럼 현상을, 또는 현상유지를 지지해야 한다는 말이 됩니다.

젊은이들의 특성 중에 두드러진 현상 하나로 '반항'을 들 수 있을 것입니다.

이 반항은 그들이 살고 있는 세상이 무엇인가 매우 잘못되어 있으며, 이미 있는 것, 그리고 어른들의 행동양식이나 사고방식을 좇는다는 것은 자신과 자신의 또래들을 배반하는 것과 동의어인 줄로 착각하고 있습니다. 그리하여 그러한 것들에 목소리를 높이며 반항을 시도하는 것입니다. 또래들이 모두 그러하기 때문에 자신이 그러한 사고에 동참하지 않는 것은 배반이 되는 것입니다.

그러면 참 이상하지요, 저들은 현상유지와 기존의 질서부정 (파괴, 또는 변화)이라는 이율배반을 동시에 시도하고 있는 셈이니 말입니다.

또래를 벗어나지 않기를 원하는 현상이 '성인에게는 없다'라고 말하기 어렵습니다.

자기가 속한 집단의 일반적인 흐름과 경향에서 벗어나기를 두려워한다는 점에서는 성인들도 매 마찬가지 아니겠습니까?

그들에게도 이웃이나 동료들이 자신을 어떻게 여기느냐, 또는 어떤 시각으로 바라보느냐 하는 문제는 역시 대단히 중요한 것입니다.

지대한 관심사입니다.

이는 저들의 그 '여김'에 충격을 주지 않으려는, 아니 줄 수 없다는 일종의 강박증이 있는 것입니다. 그러나 이들의 현실에 대한 보다 나은(젊은이들보다 일반적으로) 분석과 인식은, 탐탁치는 않지만, 사실은 이들에게도 현상유지에 안주할 수밖에 없는 약점으로 작용하고 있습니다.

그런데 사람들이 가지는 경향에는 일종의 관성과도 같은 힘이 있습니다. 어떤 경향이 한번 시작되면, 설혹 그에 대한 반증이 눈앞에 나타날지라도 그것은 무시한 채, 이제까지와 똑같은 움직임을 고수하며 견지하려는 성질이 있는 것입니다. 그리하여 그러한 경향을 바꾸기 위해서는 상당한 노력과 수고와 그리고 고통까지 지불하고 나서야 가능한 경우가 많습니다. 특히나 바람직하지 않은 경향의 경우에는 더 심합니다. 악순환이라는 말은 있지만, '선순환'의 경우는 그 단어조차도 생소할 뿐만 아니라, 그러한 사례조차도 매우 드문 것을 보면 그렇습니다.

다만 각각 또래의 의식 수준의 차이가 있다는 점은 인정해야 할 것입니다.

　그러나 그것을 인정한다 할지라도 어차피 피차 단절된 고독한 각자요, 그러한 각자의 군중이라고 한다면 무슨 대단한 차이가 있을 수 있으며, 있다 한들 그것이 무어 그리 대단할 수 있겠습니까?

　마찬가지인 게지요.

　성인들도 늘 현실이 불만스럽다는 점에서는 다르지 않습니다.

　그런데 세대차이가 나고, 그들 간의 의식 수준에 차이가 있다고 하지만, 결국은 좋든 싫든 많은 면에서 서로 수렴 현상을 보이는 부분들이 있습니다. 젊은이들이나 성인들이나, 그들의 느낌, 생각, 말, 움직임 등이 그 내용은 비록 다르다지만, 그 표현 방식에 있어서는 한결같이 불만, 또래화(또래를 벗어나지 못함), 고독, 악순환이라는 한 점에 모인다는 얘기입니다. 그런데 수렴은 닮아갈 수 있다는 얘기여서 좋을 수도 있습니다. 다른 세대 간에도 기실 서로 가까워질 수 있는 소지를 제공할 수 있기 때문입니다. 또한 문제를 만든다는 점에서는 공범입니다. 아니 문제 가운데 함께 살아가야만 한다는 점에서는 공동의 피해자이기도 합니다.

　또 한편으로는 그 수렴한다는 것이 어찌 두려운 생각이 듭니다. 불만투성인 가운데서도 실제의 삶은 현상유지를 원하는 사람들의 수렴 현상은 두렵습니다.

왜냐 하면, 불만의 정체를 분명히 하지도 않고, 바람직하지도 않고, 고독한 타인의 시선만을 의식하기 때문에, 그 고독을 만든 장본인들이자 공범들의 이와 같은 수렴과 하나 됨은, 내심 상황을 유지시키기 원하는 듯하나, 오히려 악화시킬 것이기 때문입니다.

- Ⅱ -

그러나 저러나 기성세대에 대한 불만, 세대차, 현상 유지, 참 정리가 잘 되지 않는 채 함께하는 단어들입니다.

그러면 이렇게 고독한 채로 살아야 하고, 내가 가진 그러그러한 유산을 그대로 물려줘야 하나요?

또래 간의 의식 수준이나 현상에 대한 다른 인식을 인정한다면 아마도 다음과 같은 차이에서 출발하는 것이겠지요.

젊은이들의 현실에 대한 불만은 현실을 인정하지 아니하는, 아니 그보다는 현실을 보는 능력이 부족함으로 인한 불만이요, 현실을 개혁하고 기존의 모순이라고 보여지는 것들을 증파해 보자는 심정의 발로요, 토로일 것입니다.

이와는 달리 성인들의 그것은, 때로 현실이 자기의 '바라는 바'

와는 달리 전개됨으로 인한 푸념일 수도 있겠으나, 근본적으로는 현실에 대한 비교적 바른 이해와 또 사물을 보고 그 정체를 인식하는 능력이 젊은이들의 그것들에 비해 완성도가 높음으로 인하여 불가피하게 생길 수밖에 없는 안타까움의 발로로 보아야 할 것입니다.

다시 말하면, 젊은이들의 그것은 세상을 변화시키고자 하는 의욕은 있으나, 현실을 충분히 인식하지 못하고 있는 것입니다. 즉, 그들에게는 현상에 대한 분석이나 비전, 그리고 사물을 바라보는 안목이 절대로 부족한 것입니다.

그렇다면 젊은이들이 악순환이라는 관성에서 허우적거릴 때, 거기서 이제는 성인들의 책임이 언급되어야 할 것입니다. 책임 있는 성인들의 역할 말입니다. 그러나 물론 성인들이라고 하여 모두 책임질 수 있거나, 책임을 져야 하는 것은 아닐 것입니다.

그것은 어쩌면 불가능할지도 모릅니다.

푸념의 불평을 하는 어른들이 의외로 많기 때문입니다. 푸념은 자포자기로 발전할 가능성이 많습니다. 이제 어떤 이들의 푸념은 이미 자포자기라고 말해버려도 무방한 지경에 이른 성인들도 많기 때문입니다.

그럼 여기서 우리는 다시 '그렇다면 과연 어떤 성인이어야 하는가?'라는 질문에 부딪치게 됩니다.

현실에 대한 정확한 인식뿐만 아니라, 미래에 대해서도 흔들림 없는 확고부동한 비전과 소망을 가진 이들의 역할과 책임이 어느 때보다 더 귀중한 때가 된 것 같습니다.

불가사의

허, 참, 불가사의하다!

겸손한 이는 늘 '미안하다'며, 매번 '불편을 드려 죄송하다'며, 그리고 '항상 말이 너무 많아 미안하다'며 허리를 굽힙니다.

말을 많이 하고, 그 말의 많은 내용이 늘 불평, 불만이거나 반대를 위한 반대를 일삼기 일쑤인 이는 '자기는 늘 남을 위한다'고도 하며, '말도 아낀다' 하고, 항상 '자기가 가장 수고한다'고도 말합니다.

불가사의하기만 합니다.

기대

사람들은 누구나 기대 속에서 살아갑니다.
줄곧 무엇인가를 기대하며 사는 것입니다.

내게 무엇이 더해지기를 기대하는 것은 물론, 이웃에게도 끊임없이 무엇인가를 기대하며 삽니다.

나 자신에게는 돈 좀 더 벌 수 없을까, 이번에 승진되지 않을까, 건강에 신경을 쓰지 않아도 건강할 수 있다면, 신앙이 더 깊어졌으면 하는 등이 있을 수 있습니다.

이웃에 대해서는 자녀들이 훌륭하게 자라주었으면, 직원들이 일을 좀 더 열심히 해 주었으면 하는 것에서부터, 내 앞에 가는 저 차가 길을 좀 비켜 주었으면, 건널목을 건너는 저 보행자가 빨리 건너 주었으면 하는 사소한 것에 이르기까지 하루 종일 무엇인가를 기대하며 삽니다. 그리하여 평생을 기대 속에서 사는 존재가 인간이지 싶습니다.

그러다 보니 당연한 결과로 많은 불편함이 따르게 됩니다. 나 자신에 대해서도 이웃에 대해서도……,

당초의 기대에 미치지 못하는 결과가 나올 때면, 마음이 불편해지는 것입니다.

그 일에 대해서, 그리고 그 상대에 대해…….

우리에게 기대라는 것이 전혀 없다면 어쩌면 하나님도 필요 없게 될지 모릅니다.

기대하는 것은 많은데 실제 전개되는 나의 삶은 그런 기대들과 달리 전개됨으로 해서 하나님을 찾게 되는 것이 아닐까요?

다시 말하면, 내가 가지고 있는 기대들을 완전히 없앨 수만 있다면 하나님을 편하게 해 드릴 수 있을 것입니다.

처음이요 끝이시며 모든 것을 가능케 하시는 하나님은 다른 신이 필요치 않으시듯이….

희랍 신화나 로마 신화에 나오는 신들은 서로 적대관계에 있기도 하고, 서로 보완관계에 있기도 합니다. 각자에게 인간보다는 월등한 능력들이 있으나, 또한 많은 약점들을 가지고 있는 신들이기 때문입니다. 이는 서로가 서로에게 기대를 갖게 하는 요인이 되는 것이며, 그 약점들을 보완하기 위해 다른 신과 합종연횡을 해야 했던 것입니다.

상황이 어찌 전개되든지, 또는 상대가 어떻게 반응하든지 간에 그것, 또는 그 사람의 지금 그 상태가 그대로 완전한 것이라고 생각하느냐, 아니냐는 사실 나에게 달려 있는 것입니다.

나에게 영향을 주는 일임에도 불구하고 참으로 많은 일들이 내 의사와 무관하게 일어나고 있고, 사람들은 행동하고 있으며, 그 가운데에는 당신의 일을, 비밀한 일을 당신의 계획대로 착착 진

행하고 계시는 하나님이 계십니다.

우리는 의도하는 바, 희망하는 바를 가질 수는 있으나, 그 결과에 대한 기대는 줄일수록 좋고, 요구는 덜 할수록 좋습니다.

아예 그런 것들을 없이하면 더 이상적일 테지요.

특정 결과에 집착하지 말아야 합니다. 어느 결과를 가능한 다른 결과에 비해 선호하는 짓도 그만두어야 합니다.

집착은 의도했던, 또는 희망했던 그 특정한 결과를 기대하게 되고 더욱 선호하게 되며, 그 선호는 그 결과에 대해 더욱 집착함을 낳게 됩니다.

집착은 중독이 될 수 있습니다.

'오사마 빈 라덴'은 자신이 의도했던 바, 희망했던 바에 큰 기대를 가지고 있었고, 물론 그 원하는 결과를 그 어떤 다른 결과에 비해 선호하고 있었으며, 그에 따른 요구들이 있었고, 심한 중독증에 걸리게 되었으며, 그 결과로 급기야 그 '바'를 이루기 위해 무력행사를 하게 된 경우입니다.

아담과 하와는 선악과를 따 먹지 않았더라면, 즉 선악을 알게 되고 하나님과 같이 되려는 기대나 선호나 요구나 중독이 없었더라면, 즉 에덴동산에서 애초에 하나님께서 '여기서(에덴 동산) 이리 저리 하며 자유로이 행복하게 살아라' 하는 말씀을 지키고 살았더라면, 하나님과 상관하지 않고도 살 수 있었을 것이 아니겠습니까?

이를 다른 말로 하면 순종이라고 할 수 있을까요?

가전제품을 사면, 포장 안에 그 제품의 사용 설명서가 들어 있습니다. 어떤 가전제품을 하나 샀는데, 포장 안에 그것을 어떻게 사용하는지에 관한 설명서가 들어있지 않다면, 우리는 그 제품을 만든 제조업체에 문의해야 할 것입니다. 그러나 설명서가 있기 때문에 그것에 순종하기만 하면(따르기만 하면), 우리는 제조업체와 상관하지 않고 그것을 사용할 수 있습니다.

우리 인간의 제조자이신 하나님께서는 당신이 심혈을 기울여 제조한 제품인 나에게 나 자신을 어떻게 사용해야 하는가에 대해 성경이라는 완벽한 제품 사용 설명서(또는 매뉴얼)를 준비해 주셨습니다.

다리미 사용 설명서에 다리미로 머리카락도 펼 수 있다는 사용 설명이 있을 리 없고, 만약 누가 그러한 기대를 한다면 이는 어처구니 짝이 없는 기대일 것입니다. 그럼에도 누가 만약 그런 시도라도 하는 날이면, 그는 엄청난 실망과 회복하기 어려운 낭패를 경험하게 될 것입니다.

엉뚱한 기대는 다른 말로 표현하면, 욕심이라 할 수 있을 것입니다. 욕심은 과연 마음의 불편함으로부터 시작하여 걷잡을 수 없는 파장을 몰고 오게 됩니다. 죄를 낳고 급기야 사망을 낳게 됩니다.

자, 그럼 우리는 우리의 기대의 범주가 확실해지게 됩니다.

우리는 의도하는 바, 희망하는 바를 가질 수는 있으나, 그 결과에 대한 기대는 줄일수록 좋고, 요구는 덜 할수록 좋습니다.

아예 그런 것들을 없이하면 더 이상적일 테지요.

특정 결과에 집착하지 말아야 합니다. 어느 결과를 가능한 다른 결과에 비해 선호하는 짓도 그만두어야 합니다.

그것이 하나님께서 우리에게 주신 매뉴얼대로 바로 사는 길입니다.

원칙을 가진다는 것, 그리고 지킨다는 것

대부분의 사람들은 나름대로 여러 가지 원칙을 가지고 살아갑니다. 그렇지 않아 보이는 사람들도 있습니다만, 역시 많은 사람들이 많건 적건, 또는 의식적이건 무의식적이건, 사안에 따라 참으로 다양한 원칙들을 세우며 살아갑니다.

혹은 지키면서, 혹은 지키지 않으면서……

그런데 저마다 가지고 있는 자신의 그 원칙들을 반드시, 또는 애를 써서, 지키며 살고 있는 것만은 아닌 것 같습니다. 누구나 알고 있는 것만 행하고 사는 수밖에는 없겠지만요.

사람들은 자기가 가지고 있는 그 원칙들을 적용하는데 참 재미있는 방법을 사용합니다. 그 원칙들을 자신이 원하는 경우에만, 그리고 자신에게 유리한 경우에만 편리하게 선별, 적용하는 경우가 많다는 것입니다. 그런데 스스로 미처 의식하지 못한 채, 그 원칙의 적용 여부가 이미 가려져 있는 경우들이 사실 더 많을 것 같습니다.

'원칙'이라는 단어가 제가 원하는 딱 맞는 단어는 아닙니다만, 적당한 단어를 찾지 못해 그냥 사용하고 있습니다. 다짐, 생활지침, 규칙, 결단, 타부(taboo), 룰(rule), 또는 모토(motto) 등의 의미를 포함하고 있습니다. 살아가면서 '이것을 하기 위해서 어떤 것을 한다, 하지 않는다', 또는 '이것을 하지 않기 위해서 어떤 것을 한다, 하지 않는다'는 등의 다짐을 말하는 것입니다.

위에서 말한 '원칙의 재미있는 적용'이라는 표현은 사실 약간 부정적인 내용을 담고 있지요. 한번 결정한 원칙은 상황에 따라 자주 변하는 그런 것이어서는 안 되고, 어떤 경우에도 그리 쉽사리 변하지 않는 것이어야 한다는 생각 때문입니다.

터무니없이 주관적인 생각일지도 모릅니다. 왜냐하면 대부분의 그것들이 사실 주어진 환경이나, 또는 각자 알고 있는 지식과 상식이라는 매우 제한된 범위를 근거로 만들어진 주관적인 것일 터여서, 환경이 달라지거나 그 근거가 되었던 지식과 상식의 범위에 변화가 생길 경우에는 그로 말미암았던 원칙에도 그에 상응하는 변화가 마찬가지로 가해져야 할 것이기 때문입니다. 그러나 이렇게 정리를 하면서도 아직 부정적인 인상이 깔끔하게 지워지는 것은 아니군요.

어느 해인가, 구정이라 해서 가족들과 함께 한국 식당에 들러 떡국을 먹은 적이 있습니다. 설날이라 해야 마땅히 세배 드릴 어른들이 계시는 것도 아니고, 떡 공장이 있는 것도 아니어서 떡을 먹을 수도 없고, 날들은 몹시 더워 야자나무 숲 속에서 설을 쇤다는 것이 고국에서와는 달리 별 감흥이나 정취가 있을 리 없지요. 하지만 가족들과 최소한 떡국이라도 나눠야겠다는 생각으로 한국 음식점을 찾게 되었던 것입니다.

그런데 그 식당에 인도 방갈로아(Bankgalore)라는 곳에서 선교사로 사역하고 있다는 두 분이 비자(visa) 문제로 스리랑카에 오게 되었다며 식사를 하고 있었습니다. 한 분은 60세 전후의 장로였고, 다른 한 분은 30대 중반의 젊은 목사였습니다. 인사를 나누고 이런 저런 얘기를 나누다가 방갈로아에 있다는 한국 식당에 관한 얘기가 나왔습니다. 영업이 잘 되지 않아 최근에 문을 닫았다고 했습니다. 그런데 그 식당이 문을 닫게 되었다는 같은 내용의 얘기를 두 분이 서로 퍽 다른 언어로 표현했던 것을 기억하는데, 사소한 얘기임에도 몇 년이 지난 지금까지도 가끔씩 그때의 대화가 생각나곤 합니다.

그 젊은 목사는 "그 식당 주인이 망해 먹었다"라고 했고, 나이든 장로는 "실패하여 문을 닫게 되었다"라고 표현했던 것입니다. 이미 어느 정도 짐작하셨겠지만, 보충 설명이 필요할 것 같습니다. 즉, 목사는 그런 표현과 함께 매우 재미있어 하는 표정이었고, 설명에 신바람이 난 듯했습니다. 하지만 그 장로는 매우 어두운 표정과 함께 말 속에 그 주인이 참 측은하다는 감정이 배어 나왔던 것입니다.

사람들이 얘기를 하다 보면 자기 얘기에 스스로 도취되는 경우를 많이 볼 수 있습니다. 그러다 보면 급기야 말하고자 했던 바 이상으로, 또는 실제 이상으로 얘기를 과장되게 하는 경우가 생기게 됩니다. 또 얘기를 하다 보면 상대로부터 더 큰 관심을 끌어내기 위해서나, 내 지식이나 상식 정도를 크게 부풀려 보이기 위해 허장성세하는 경우들도 보게 됩니다. 이러한 현상들을 한편으로는 퍽 인간적이라 할 수도 있겠으나, 많은 경우가 스스로의 원칙을 포기하거나 망실했기 때문으로 생기는 현상으로 보여집니다.

위 목사의 경우에도, 이성과 지성이 만든 목사님의 '평소' 원칙은, 그 날 그렇게 드러내고 말았던 현상과는 분명히 다를 것입니다. 그렇다면 단지 짧은 시간 동안 즐겁기 위하여, 평소에 다짐해 왔던 원칙을 잠시나마 버렸다는 말이 됩니다.

스리랑카에서는 일자리가 모자라고, 인건비가 매우 낮기 때문에 대부분의 한인 가정들이 가정부를 두고 삽니다. 사용자 측은 일이 수월해져서 좋고, 일하는 측은 일자리가 생기는 것이므로 좋은 제도라 생각됩니다. 한국의 6, 70년대를 보는 듯합니다.

한국에서도 '식모'가 '가정부'로, 또는 청소부가 '환경미화원'으로, 운전수는 '운전기사'로 바뀌는 등 많은 직업의 이름들이 인격적이면서도 부르기 좋은 것들로 바뀐 지 오래건만, 거기 사는 대부분의 한인 가정에서는 그들의 의식조차도 6, 70년대로 돌아간 듯, 그들을 아직도 '식모'라고 부르고 있습니다. 저의 집에서는 꼭 '가정부'로 부르자고 온 식구가 '원칙'을 세워 두었습니다만, 평소 잘 지켜지다가도 화가 나는 일이라도 생기면, 그만 그 원칙이 무시되고, 그 결과로 서로의 인격마저도 함께 무시되는 일이 생기곤 했습니다.

제 경우를 보면 쉬운 예로, '절대로 길에 휴지를 버리지 않는다.', '운전할 때 결코 신호를 위반하지 않겠다.'는 따위의 평소 다짐이, 밤이어서 거리에 차량이나 사람의 통행이 없을 때는, 즉 보는 사람이 없을 때는 신호를 무시하고 싶은 충동을 억제하기 힘든 때가 있는 것입니다.

대부분의 사람들이 가지고 있는 '시간은 지켜야 한다'는 원칙은, 상대적으로 많은 사람들이 공유하고 있는 것이어서인지는 몰라도, 사람들로부터 특히 더 많이 무시되는 원칙입니다. 스리랑카에서는 더욱 그렇습니다. 과거 '코리안 타임'이라는 말이 있었듯이 거기서는 과연 '스리랑칸 타임(Lankan time)'이라고 부를 만합니다.

그런데 거기 사는 한국인들도 오래 살다 보니 현지인을 닮아가는 것인지, 시간을 예사로 어기고 삽니다. 다른 사람들이 늦기 때문이라는 핑계로 자신의 원칙을 무시하며 사는 것입니다. 공범(?)이 많기 때문에 좀 수월한지도 모르겠습니다. 아니면 자신이 만든 원칙도 아니면서 '로마에 가거들랑 로마사람이 되어야 한다'는 다른 원칙을 수호하기 위함인지도…….

그러나 위와 같이 결국은 남이 알게 되는 예의 것들은 사실 별문제가 아닐는지 모릅니다. 그 나타난 결과들이 남들로부터 선악, 선호, 또는 시비 등이 즉각 가려지거나 판단될 뿐 아니라, 정죄 또한 이미 동시에 이루어지는 경우가 대부분이기 때문입니다.

그보다는 남들이 볼 수도 확인할 수도 없는 나 자신만의 가슴 속에 있는 원칙들의 파기(破棄)가 심각 한 문제일 것입니다.

가령 "즐거워하는 자들로 함께 즐거워하고, 우는 자들로 함께 울라"(롬 12:15)라든지 또는 '사촌이 땅을 사면 같이 기뻐해야지' 하고 내가 세운 원칙들이, '사촌이 논을 사면 배가 아프다'는 솔직한(?) 우리네 속담에서처럼(요즘에는 더욱 발전하여 '사촌이 차를 사면, 나는 교통경찰이 된다'고 합니다마는), 내 마음이 움직인다면, 이는 심각한 문제라 하지 않을 수 없을 것입니다.

이 경우는 신호 무시나 시간 어기기와 같은 원칙과는 달리 남들에게는 직접적인 피해를 주지 않음에도 말입니다. 그렇지만 나 자신에게는 오히려 아주 커다란 피해를 안겨 줄 수 있는 것이기에 문제의 심각성이 있는 것입니다. 나를 황폐하게 만들 수 있기 때문입니다. 위와 같은 원칙 포기는, 내 안에 있는 두 개의 나 중에서 하나를 포기하는 것이기 때문에, 자포자기와 동의어일 수도 있습니다.

저는 즐거워하는 이웃들과 아파하는 이웃들과 그들의 그 즐거움, 아픔을 함께 나누는데 아직도 매우 서툰 편입니다. 저의 원칙들은 부끄럽게도 아직 종자 개량이 철저히 되어있지 않은, 아직도 나 자신이 중심이 된 뿌리에 기초하고 있는 것들이기 때문입니다.

위대한 '바울'조차도 다음과 같이 그 심정을 토로하였다는 사실이 조금 위안을 주긴 하지만……

"나는 내 육신 안에 올바른 것이 하나도 없다는 사실을 알고 있습니다. 아무리 몸부림쳐도 나는 나에게 올바른 일을 하게 할 수 없습니다. 나는 그렇게 하고 싶어도 되지가 않습니다. 선한 일을 하고 싶어도 되지 않고 악한 일을 하지 않으려고 애를 써도 되지 않습니다. 이제 내가 원하지 않는 일을 하고 있는 게 사실이라면 문제는 분명해집니다. 죄가 아직도 나를 사로잡고 있다는 사실입니다. 나 스스로는 늘 올바른 일을 원하나 어쩔 수 없이 잘못된 일을 해버리는 이것이 인생의 현실인 것 같습니다. …… 내 속 깊은 곳에 어떤 다른 것이 있어서 그것이 내 마음에 분란을 일으켜 나를 누르고 아직도 내 속에 도사리고 있는 죄의 노예로 만들어 버립니다. …… 이제 여러분은 내 형편이 어떻다는 것을 아셨을 것입니다. 아, 나는 얼마나 비참한 처지에 놓인 인간입니까!"

어떻게 나를 사망의 법, 즉 죄의 법, 육신의 법에서 건져 낼꼬?

點(●) = 약점(弱點)?

신체 여러 곳에 점을 가진 이들이 의외로 많습니다. 아니 어쩌면 예외 없이 누구나 다 가지고 있을지도 모릅니다.

전에 다니던 교회에 어느 날 갑자기 여러 사람들의 얼굴에 큰 반점들이 생겨났습니다. 사람에 따라 그 점들의 크기가 지름이 5밀리에서 1센티미터 가량의 큰 것까지 다양하고, 갯수 역시 두 어 개에서부터 스무 개 가까이나 되는 등 다양했습니다.

한 사람, 두 사람, 세 사람…….

어! 계속 늘어났습니다.

궁금증을 이기지 못해 결국 물어 보았습니다. 대답인즉슨, 얼굴에 있는 점들을 제거하려고 약물 처리를 했기 때문이라는데, 한두 주 지나면 없어질 것이라고 했습니다. 최근 어느 분이 그것들을 제거하는 방법을 배웠는데, 이웃들을 위해 무료 시술(?)을 해주고 있다는 것이었습니다. 정말 깨끗이 없어진다면 기분이 좋겠지요?

그런데 저는 두 가지 점에서 좀 놀랐습니다.

한 가지는 얼굴에 점을 가진 사람들이 그렇게 많은가 하는 것이었고, 또 하나는 그렇게 점에 신경을 쓰는 사람들이 많은가 하는 것이었습니다.

혹 그 점들을 티, 또는 흠이라고 생각하고 있기 때문은 아닐까요?

티나 흠은 제거하는 것이 좋을 테니까…….

아니면 혹 단순히 점을 빼주시겠다는 그분의 권유에 응했는지도 모르지요. 점을 제거할 수만 있다면, 그로 말미암아 얻는 것은 있어도 최소한 잃는 것은 없어 보입니다. 얼굴이 깨끗해지기도 하고, 좀 더 젊게 보이기도 하지 않겠어요?

아무튼 그분들 중에서 제가 자주 만나는 몇 분의 경우를 보면, 그 동안 그렇게 자주 만났으면서도, 그분들의 얼굴에 점이 있는지 없는지 한 번도 의식한 적이 없었거든요!

그분들에게 관심이 없었기 때문일까요?

그건 아닐 것입니다.

관심이 있었기에 만나왔을 것이고, 그러기에 얼굴이 달라진 것을 즉각 알아차릴 수 있지 않았겠습니까?

저는 그렇다 치고, 다른 사람들은 그분들의 얼굴에 점들이 있는 것을 알고 있었을까요?

알고 있었다면, 보기에 좋지 않다거나, 거북하다고 느끼기라도 했을까요?

점들이 제거된 후에는 과연 그 차이를 느낄 수 있을까요?

저로서는 알 수 없습니다만, 아마 그렇지 않을 것입니다. 최소한 점 제거 전이나 후나 그들에 대한 저의 태도나 인식에 전혀 변화가 없을 것입니다.

오늘은 저도 거울을 한참 동안 들여다보았습니다. 제 얼굴에는 점이 있는지 없는지 살펴보기 위해서 말입니다. 그리고는 놀랐습니다. 제 얼굴에 점이 그렇게 많은지 예전엔 미처 몰랐습니다. 그 수효를 헤아려 보았습니다.

하나, 둘, 셋, …… 열…….

하지만 너무나도 많아 이내 포기하고 말았습니다.

아주 큰 점을 가진 사람들이 있습니다. 틀림없이 남의 눈에 띄는 아주 큰 점 말입니다. 이런 점들 중에는 남들이 보기에 좀 편하지만은 않은 점들이 있긴 합니다. 그런데 그들에게 그 점을 빼버리지 그러냐고 하면, '복점(福點)이라서 빼내면 안 된다.'며 펄쩍 뛰는 이들이 꽤 많습니다.

그러면 남들이 알지도 못하는 작은 점들의 제거를 시도하는 이들은 최소한 크건 작건 신경이 쓰였다는 말인데, 이제까지는 그 점들을 과연 자신의 약점이라 생각하고 있었을까요?

복점이 아닌 악점(惡點)이라 생각하고 빼내려는 것일까요?

하지만 그게 약점일 수는 없을 것입니다. 악점이나 오점(汚點)일 리도 만무하고.

그것이 약점이거나 악점이라고 생각하는 것이 더 약점이 되지 않을까요?

남들은 전혀 의식하지도 않는 것에 대해 공연히 자신을 괴롭히는 셈은 아닐까요?

  그보다는 보이지 않는 곳에 있는 점, 티, 흠의 제거와 정화가
더 중요하지 않을까 하는 생각이 들었습니다.

나홀로 족과 기계인간

갈수록 혼자 먹고 혼자 놀고 혼자 술 마시고 혼자 여행 가는 소위 '나홀로족'이 증가하고 있다는 다음과 같은 기사를 보았습니다(조선일보).

혼자 식사를 하는 사람들이 계속 늘어난다고 한다.

집에서도 밖에서도…….

그런 이들을 위해 전체 좌석수의 절반을 칸막이를 한 1인용 식탁으로 꾸민 식당들이 있다고 한다. 술집도 혼자 술을 마실 수 있는 바가 부쩍 늘고 있다고도 한다. 영화, 공연관람 등 문화활동을 하거나 카페에서 여가를 즐기는 등의 나홀로 생활이 늘어난 것은 이미 오래된 일이다.

그 이유인즉슨 이렇다.

"다른 사람과 같이 밥을 먹으면 시간이 오래 걸리기 때문에 비효율적이라고 생각할 때가 있다."

"영화를 보거나 쇼핑할 때 다른 사람과 같이 있으면 대화도 하고 신경도 써야 해서 몰입도가 떨어진다."

인간관계는 더 고립되고 필요에 의한 만남만 증가한다.

칸막이 식당에서 나홀로 식사하는 여인

나홀로족 출신의 신랑 신부가 늘어나면서 하객 노릇을 해주는 이색 아르바이트도 출현했다. 나홀로족의 증가는 우리네 삶의 모습을 바꾸고 있다.

'나홀로족'을 규정하는 중요한 기준은 독립된 주거 공간이다. 이런 공간은 주로 월세 형태인데다 이사할 때도 옮길 것이 적고 부담이 없어 인기가 많다. 이런 '이동성'을 추구한다는 점에서 나홀로족은 프랑스 미래학자 자크 아탈리가 말한 '유목민 (nomad)'의 개념과 통하는 바가 있다. 그는 '유목민(nomad)'이라는 개념을, 한곳에 정체돼 있지 않고 아이폰이나 미니 노트북 같은 휴대물품들만 가지고 자유롭게 이동하며 살아가는 사람들이라 설명한다. 나홀로족은 우리나라뿐 아니라 외국에서도 일찍이 일반적인 현상이다. 나홀로족을 지칭하는 외국의 용어들을 살펴보면 우선 코쿤 (Cocoon, 누에고치) 족이 있다. 이는 예측할 수 없는 바깥세상으로부터 도피해 나만의 안식처에 머물려는 사회적 현상을 지칭한다.

대략 위와 같은 내용이었습니다.

나는 위 기사를 보면서 두 가지 생각이 떠올랐습니다.

나홀로족이었다는 '김길태'와 '인간은 사회적 동물'이라는 말이 그것입니다.

원인이야 어떻든 김길태는 나홀로족이었고, 그는 큰일을 저질렀습니다.

인간은 사회적 동물입니다. 철학자들이나 사회학자들은 각고 끝에 발견해 낸 사실인지 모르겠지만, 그들의 정의가 있건 없건, 본디 인간은 사회적 동물로 만들어졌습니다. 위 기사 내용의 나홀로족들처럼 본의건(과연 본의인지 어쩔 수 없는 선택인지 알 수 없으나) 타의건 사회적 동물이기를 포기하는 나홀로족이 되면 그들은 문제를 일으키게 되어 있습니다.

지난 주 한 친구가 나를 포함한 동창들에게 보낸 이메일에 2045년께부터는 인간이 죽지 않고 영원히 살 수 있게 된다는 내용이 있었습니다.

"중국의 진시황이 불로초(不老草)를 구하려 했듯 '죽지 않는 인간'은 수천 년 된 인간의 꿈이었는데, 미국의 미래학자 레이 커즈와일은 인간이 죽음이라는 굴레에서 벗어날 수 있을 것이라고 주장했다고 한다. 그것도 그리 머지않은, 2045년께 그렇게 된다는 것인데, 수십억 개의 미세한 기계(나노 로봇)가 인간의 몸속에 들어가 노화를 막을 수 있다는 것이다. 또 인간의 능력을 뛰어넘는 기계 지능이 출현해 인간과 결합하는 '사이보그 시대'가 열린다는 주장이다. 커즈와일은 인간이 그렇게 되면, 종교도 변화할 수밖에 없다는 주장이다. 종교의 중요한 목적 중 하나는 죽음을 좋은 것으로 인식하게 만드는 것이었는데, 그 이유는 죽음을 피하는 방법을 몰랐기 때문이라는 주장이다."

얼핏 듣기에 공상 과학 영화에나 나올 법한 주장입니다.
그런데 그 메일을 받아본 한 친구가 즉각 이런 댓글을 보내왔습니다.

"인간의 영생의 대해서는 과학의 발달을 근거로 추측한 희망 사항일 뿐. 인간은 죽을 수밖에 없도록 만들어진 존재이므로 인간의 영생이란 있을 수 없는 일이고, 기사에 나와 있는 것처럼 인간이 계획하는 대로 될 수는 없는 것이라네. 생명의 mystery는 오직 한 분만이 아신다네. 친구들 모두 건강하게 2045년까지 살아 있어서 그와 같은 주장이 얼마나 허황된 얘기인가를 확인하도록! ^^"

내가 보기에는 두 친구의 얘기가 다 맞는 것으로 보입니다.

이미 유사한 픽션들이 SF소설이나 만화 또는 영화 등에 쏟아져 나오고 있는데, 충분히 가능할 것입니다. 그리고 사람을 그리할 수 있다면 다른 동식물의 영생 작업도 가능할 것입니다.

하지만 인류 전체가 그렇게 되는 일은 결코 일어나지 않을 것입니다.

여기서 몇 가지 생각해 볼 것이 있습니다.

사이보그라는 한국 영화도 있었지만, 나노 로봇이 지탱해주는 인간이나 '사이보그 그녀' 같은 인간의 삶은 어떤 것일까요?

외형은 인간과 비슷한 모양을 하곤 있긴 하나, 지금까지와 인간과는 다른 종(種)이라 해야 하지 않을까요?

그것은 이미 출현한 나홀로족과 같은 기계적인 만남만 있는 그런 세상은 아닐까요? 실제로 로봇과 같은 기계로 작동(?)된다니까….

인간이기를 고집하는 측과 사이보그 측과의 다툼도 필연적이지 않을까요?

소위 지금과 같은 '인성'을 찾아보기는 불가능하지 않을까요?

죽는다는 것을 우리말로는 '돌아간다'고 합니다. 우리는 돌아가야 할 곳이 있다는 말일 것입니다.

우리는 나이 들어가며 '정상적으로' 생기는 주름이나 센 머리칼, 그리고 죽음에 대해 긍정적인 시각을 가지고 감사할 줄 아는 삶을 살아야 하지 않을까요?

정상적인 죽음을 맞기 위해서는, 그러기 위한 준비나 노력이 반드시 수반돼야 하지 않을까요?

그리고는 미련 없이 다시 빈손으로 고향으로 돌아가는 것입니다.

나홀로족의 증가는 우려할 만한 현상이 아닐 수 없습니다.

맨 위 기사에서 보면 나홀로족이기 원하는 이유가 '다른 사람과 함께 하면 시간이 오래 걸려 비효율적이기 때문에, 또 그들과 대화도 하고 신경도 써야 해서 몰입도가 떨어지기 때문'이라고 합니다. 이를 다른 말로 하면, 나홀로 열심히 해서 경쟁자들인 다른 이들보다 우위에 서고 싶다라는 말일 것입니다. 이는 다시 물질적 풍요를 의미하는 것입니다. 그런데 물질적 풍요를 이루기 위해 나홀로족으로 살면서 우리는 건강을 잃고 인간성도 잃어가고 있습니다.

갈수록 인간관계는 더 고립되고, 이해관계에 따라 필요에 의한 기계적인 만남만 증가합니다. 요즘에는 부모들이 너무 바빠 나홀로 밥을 먹어야 하는 아이들이 많다고 합니다. '나홀로 밥 먹기'는 새로운 세대일수록 혼자인 것에 익숙해지고, 그들이 점차 사회의 주류에 편입되면서 빚어진 현상이라는 분석이 설득력을 얻고 있습니다. 이렇게 해서 인성교육 면에서도 소외된 세대들의 집합은 자꾸만 커져 가고 있는 것입니다.

가족들과, 특히 자녀들과 식사를 함께 합시다.

더 이상 나홀로 너홀로이지 말고, 특별한 일이 없는 한, 그렇게 정하면 됩니다.

인성교육을 내팽개치거나, 미리 서둘러 기계적인 인간이 될 필요는 없지 않겠습니까?

가진 게 너무 없어도 안 되지만, 물질의 풍요와 행복과는 정말이지 서로 아무런 관계가 없습니다.

거창하고 복잡하게 시작했지만 이렇게 소박한 결론(?)을 내려봅니다.

거리의 안방(內室)화

최근 지하철 안에서 화장하는 여성(여자?)들을 자주 볼 수 있습니다.

'거리의 안방화'라 이름 붙여 보았습니다.

세계 최빈국 중의 하나인 스리랑카에서 오래 살아서인지, 내 나라지만 오랜만에 귀국해서 보면 낯선 장면들이 많이 눈에 띕니다.

그 중 한 가지 풍경이 바로 지하철 안 화장입니다.

지하철 안에서 외모가 제법 근사한 여성들이 대담무쌍(?)하게, 천연덕스럽게 마치 내 안방에서처럼 화장하는 장면이 적지 않게 눈에 띄었습니다.

특별히 바쁜 날이었을까요?

피곤해서 혹 늦잠을 잔 날이었을까요?

시간을 절약하기 위함일까요?

게을러서일까요?

그 깊은 내막은 알 수 없으되, 아무튼 그런 여성을 만나면 신기하기도 해서 간혹 물끄러미 쳐다보기도 하지만 시선 처리가 썩 쉽지만은 않습니다. 삼강오륜 따위는 케케묵은 헛소리가 된 지 오래고, 지금은 남녀유별 아닌 '무별'이 된 세상이라지만, 그 광경을 소화하기가 썩 용이하지는 않습니다. 너무 신경을 써서 그런가요?

혼자 생각해 보았습니다.

갈수록 집 안팎의 구분이 없어져갑니다.

오래 전에는 집안에서도 안방과 사랑과 행랑 등, 그리고 마당 등의 역할 분담이 분명했는데, 지금은 그 구분이 거의 없어졌습니다. 안방에서 하던 일을 집안 어디서나 합니다. 그리고 나아가 집안에서나 하던 모든 일들을 이제는 밖에서 합니다.

어디서나(?) 합니다.

화장을 합니다(그저 고치는 정도가 아니라 화장 세트를 꺼내 놓고 정식으로 판을 벌인다).

지하철 안에서 식사도 합니다. 이 역시 그저 스낵 정도가 아닌 정식 식사를!

거의 벗은 차림으로 밖을 활보합니다.

최근에는 신호들을 기다리던 젊은 연인들이 부둥켜안고 입맞춤을 하는 장면도 구경할 수 있었습니다.

거기서 더 나아가 아무 데서 '아무 짓'이나 하는 것도 이제 시간문제로 보입니다.

　마치 내밀한 안방에서처럼…….

　내가 시골에서 너무 오래 살았나 봅니다.

관계

날마다 사랑을 부르짖지만, 사랑이란 정말이지 어려운 화두가 아닐 수 없습니다. 사랑의 모양은 혹 갖추었는지 모르지만, 나에게는 정작 능력이 없음을 확실히 알았습니다.

나에게 사랑은 난공불락의 요새처럼 보입니다.

고부 관계란 왜 그리 어렵기 만한 관계일까(서양에서는 장모와 사위 간의 관계가 그렇다) 하는 이유를 최근 어렴풋이나마 경험으로 알게 되었습니다.

"작은 아이 하나에게 냉수 한 그릇이라도 주는 자는 상을 잃지 아니 하리라"고 주님은 말씀하셨는데, 그조차도 하지 못하는 위인임을 알았습니다.

얼마 전 내 자식이 아닌 두 아이를 내 집에 두게 되면서 알게 된 불행한 결론입니다.

하나는 친구의 딸이고, 다른 하나는 처조카였습니다.

정작 내 자식들은 멀리 나가 대학에 다니고 있었기 때문에 집에 없었습니다.

내 아이 둘을 키워 보았기 때문에 별 문제 없을 줄 알았습니다. 어쩐지 더 잘 가르칠 수 있을 것만 같았습니다.

그런데 그게 아니었습니다.

처음부터 양상이 기대와는 영 딴판으로 전개되었던 것입니다. 한마디로 서로가 서로에게 아버지 화(化), 딸 화가 되지 않는 것이었습니다.

사소한 일에 마음이 불편하게 됩니다.

상대도 마찬가지일 터입니다.

왜 그럴까요?

익숙하지 않기 때문이었습니다.

누구나 익숙하지 않은 것에 대해서는 불편해 하지 않습니까?

익숙하지 않은, 즉 눈에 선 언동(言動)을 보면 눈에 거슬리고 짜증이 나는 것입니다. 언동은 말과 행위를 이름인데 이는 사고 방식, 즉 생각하는 방식을 말하는 것입니다. 생각이 말과 행동을 결과하는 것이 분명하니까요.

일반적으로 사람들은(어쩌면 나한테만 해당되는지도 모르지만) 내가 보아온 것, 익숙해진 것들에 대해서는 관대합니다. 옳고 그름과는 크게 관계가 없어 보입니다. 두말할 나위 없이 주관적인 판단일 테지만, 이웃에게서 내가 보아오지 않은 것, 익숙해지지 않은 것을 보게 될 때 용납하지 못하는 것입니다.

어쩌면 이루지도 못할 결벽증, 완벽주의의 소산인지도 모를 일입니다.

강퍅한 것입니다.

자신에 대해서는 관대하면서(관대라기보다 차라리 자신에 대해서는 스스로 모르고 있다는 말이 더 정확할 것입니다) 말입니다. 오히려 그 반대여야 하는데 말입니다.

그러니 서로 다른 환경에서 이미 성장을 마쳐버린 시어머니와 며느리는 잘 맞지 않게 되어 있는 것입니다. 관계 설정을 처음부터 시작해야만 하는 관계입니다. 나처럼 아이들과 함께 있어서 마음대로 부리고 혼내 줄 수(?)도 있는 관계임에도 그리도 어려운 터에 그 관계가 짐작이 됩니다.

동서양의 코 푸는 방법에 대한 입씨름과 같습니다.

한국인들에게는 식사 중에 누가 코를 푼다면, 이는 큰 실례가 되고 상대는 몹시 불쾌해져 식욕을 잃게 됩니다. 하지만 서양에서는 소리를 크게 내고 풀어도 조금도 흉이 되지 않습니다.

이처럼 이럴 수도 있고 저럴 수도 있는 것을 가지고, 서로 비난을 일삼는다면 그 관계는 불편해 질 수밖에 없지 않겠습니까.

틀린 게 아니고 다를 뿐인 것을!

한국인들과 브리짓드 바르도는 그 관계가 불편합니다.

그런 점에서 보면 언젠가 있었다는 한국에 거주하는 프랑스 사람들의 보신탕(개고기 음식) 시식회는 큰 의미를 갖습니다. 모두 맛있다며 즐겼다며, 오히려 개고기를 먹는다 하여 한국인들을 야만인 취급하는 브리짓드 바르도를 성토하기도 했습니다.

이는 남의 음식 문화일 뿐이며, 민족 차별이라는 것입니다.

이처럼 모든 사상과 사물에는 양면성이 있는 것입니다.

지구본을 이쪽에서 보면 한국이 보이지만, 반대쪽에서 보면 아메리카가 보입니다. 비가 오면 우산 장수는 신바람이 나지만, 나막신 장수는 울상이 됩니다. 백성들이 사울은 천천, 다윗은 만만 하며 다윗을 환호하는데 사울은 그를 여러 차례 죽이려 했습니다.

사울의 이기심, 질투심 때문이었습니다.

사울이 다윗을 받아들였더라면, 성경에 나오는 몇 되지 않는 '자살자'의 명단에 들지도 아니 하였을 테고, 두 가문과 왕국의 결국이 모두 happy ending으로 끝났을 수 있습니다.

사울이 다윗을 반드시 미워해야 하는 선택만 있었던 것은 아니지 않습니까?

물론 좋은 관계는 가능합니다. 또는 다른 관계가…….

사무엘은 하나님께서 사울을 떠났다고 했습니다. 이 말은 성령의 도움이 있으면 관계 개선이 가능하며, 관계 악화를 피할 수 있다는 의미입니다. 성령의 도움으로 부단한 이해, 노력, 훈련, 시행착오, 대결(심리적으로) 등을 실천하고 겪는다면 가능하다는 말이 됩니다. 시행착오나 대결의 과정이 없다면 더욱 좋겠지만.

다른 말로 하면, 불편을 유발하는 생각과 말과 행위의 다름을 적절히 처리하는 방법을 터득하는 것입니다.

상대의 그것들이 내 것과 다름에 대응하는 방법, 정죄하는 방법, 서로 통일시켜 가는 방법, 그 다름들을 그 상태로 받아들이는 방법, 그리고 그 세 가지를 균형 있게 조화시키는 방법 중에서…….

하나님 아버지께서는 내가 아무렇게나 해도 사랑과 은혜를 주시는데, 왜 나는 되지 않는지 모르겠습니다.

3부
선교현장과 성경의 가르침

사랑은 움직이는 것!

고린도전서 13장에는 사도 바울의 사랑에 대한 정의가 있습니다.

공감이 갑니다.

그런데 우리에게 과연 그렇게 사랑하는 대상이 있을까요?

혹 대부분의 사람에게는 자신 스스로가 그 중 가장 근접한 대상이 아닐까요? 즉, 내 몸 말입니다(내 몸을 함부로 하거나 학대하는 사람도 없지는 않지만).

많은 사람들이 사랑을 말하고, 바울 사도는 고린도서에서 여러 가지로 사랑을 말하고 있고, 또 많은 사람들이 스리랑카를 사랑한다고 말하지만, 사랑은 저의 정의에 의하면 〈움직이는 것〉이라고 봅니다. 마음도, 몸도 둘 모두가 말입니다. 먼저 마음으로 느껴야 하고, 마음을 그렇게 움직였으면, 그 다음에는 그 느낌에 따라 몸을 움직여야만 비로소 사랑은 이루어지는 것일 테니까 말입니다.

"내가 내게 있는 모든 것으로 구제하고, 또 내 몸을 불사르게 내줄지라도 사랑이 없으면 내게 아무런 유익도 없는" 것이지만,

"오래 참고 온유하며 시기하지 아니하며 자랑하지 아니하며 교만하지 아니하며 무례히 행하지 아니하는" 등 모든 덕목을 다 갖추고 있다 할지라도, 그에 상응하는 움직임이 뒤따르지 않는다면 그 사랑은 실현될 수 없을 것이기 때문입니다.

누가복음 10장에 나오는 선한 사마리아인의 비유를 봐도 그렇습니다.

제사장이나 레위인이 강도를 만나 죽게 된 사람을 보고 그들의 신분상 위에 열거한 사랑의 느낌을 모두 갖게 되었는지는 모르겠으나(성경에는 아무 말이 없음), 그들은 아무런 움직임을 보이지 않고 그냥 지나치고 말았습니다. 그저 하던 일만 계속하고 만 것입니다. 즉, 가던 길만 계속 재촉하고 말았습니다.

하지만 사마리아인은 그를 "불쌍히 여겨"(33절) 하던 일을 멈추고 여러 가지 〈움직임〉을 보여주었습니다. 바쁘게 가던 길을 멈추었고, 값비싼 기름과 포도주를 상처에 부어 싸매주었고, 자신의 편안함은 아예 포기한 채 그에게 자신의 나귀를 제공했습니다. 자신의 나귀를 그에게 제공함으로써 자기 육신은 불편하게 되었는지 모르지만, 그의 마음은 오히려 더 편안해졌을 것이라 생각됩니다. 뿐만 아니라, 주막에 들러 주인에게 돈까지 쥐어주며 그를 부탁하기도 했습니다.

이 사마리아인처럼 느꼈으면 하던 일을 멈추고 움직여야 사랑은 실현되는 것입니다.

저는 가끔 '사랑하는' 아내로부터 이런 핀잔을 듣습니다.

"당신은 날 사랑한다고 하지만, 도무지 표현을 하지 않으니 알 수도 없고, 알 수 없는 그 사랑은 아무 소용없는 것 아니오?! 표현을 좀 해 봐요, 표현을!"

여기서 아내가 말하는 표현이라는 말도 역시 〈움직임〉을 말하는 것 아니겠습니까?

그렇습니다, 하다못해 사랑스럽다는 미소를 지으려 해도 얼굴 근육을 움직여야 합니다. 사랑의 밀어(?)를 속삭이려면 입이라도 움직여야 합니다. 그리고 몸을 움직여 안아준다고 할 때 비로소 나타나게 되고, 그제야 비로소 상대방이 알게 되는 것입니다.

저는, "사랑은 눈빛만 보아도 알 수 있는 것 아냐?!"라고 강변하지만, 그것은 억지입니다.

'사랑은 주는 것'이라고들 합니다.

이는 '사랑은 움직이는 것'이라는 말입니다.

미소를 선사하려 해도, 다정한 사랑의 말을 건네주려 해도, 강도 만난 사람을 도와주려 해도 움직여야만 비로소 그것들의 실현이 가능하기 때문입니다. 선한 사마리아인처럼, 강도를 만나 다친 사람은 치료해 주고 병원에 데리고 가야 합니다.

"네 이웃을 네 몸처럼 사랑하라"는 말씀은 결국 움직이라는 의미의 말씀입니다.

이를 다시 다른 성경 말씀으로 하면, "영혼이 없는 몸이 죽은 것처럼 행함이 없는 믿음은 죽은 것!"(약 2:26)이 됩니다.

내가 사는 스리랑카에는 영혼이 아픈 이들이 너무나도 많습니다.

좀 더 부지런을 떨고 좀 더 움직여야겠습니다.

날마다 죽어라?

사도 바울은 날마다 죽는다고 했습니다(고전 15:31).
성경은 나더러도 죽으라고 합니다.

죽어야 오히려 살 수 있다는 말입니다.

"나를 죽이느냐, 살리느냐"를 결정하기는 쉬울는지 모르지만,
그 결정에 따른 실행은 그리 쉽지 않습니다.

오늘의 나는 어제의 내가 아니어야 합니다. 어제 하던 짓을 계
속하지 않아야 합니다. 어제 하던 생각의 방식도 바꾸어야 합니
다.

그런데 사람들은 내가 어제처럼 살기 원합니다. 그들이 내가
오늘도 어제와 같이 살기를 바라는 이유는 어제의 나에게 많은
투자를 했거나, 영향을 주었거나 혹은 입었기 때문일 것입니다.

나를 나쁘거나 그르다고 보아온 이들이라면, 더욱 오늘도 내
가 어제와 같기를 바랄 것입니다.

그들은 앞으로도 계속해서 나에 대하여 옳은 사람이기를 바라
고 있기 때문일까요? 아니면 내가 변화하게 되면 그에 따라 입
장 정리를 새로 해야 하는 번거로움 때문일까요?

일반적으로 사람들은 변화를 두려워합니다. 또는 싫어하거나

거부합니다.

하지만 내가 해야 할 일은 지금 이 순간을 어떻게 살 것이냐를 생각하며 나의 삶을 그에 따라 변화시켜 나가는 일이어야 할 것입니다. 오늘 이 순간에 내가 새로워지지 않으면, 영원히 나를 다시 창조해 나갈 수 없게 될 것입니다.

죽는다는 것은 내가 지금 가지고 있거나 누리고 있는 것을 버리는 것을 의미합니다. 내가 지금 가지고 있는 것, 즉 좋지 않은 버릇이나 습관, 고집, 재산, 욕심 등, 또는 가지고 있더라도, 그 소유권을 의식하지 않거나 포기하는 것을 의미할 것입니다. 예를 들면 부, 명예 등등.

"나는 지금 누구인가?" 하는 것은 내가 이제까지 소유해 왔고, 지금 현재 소유하고 있는 것들로 규정됩니다. 즉, 나라는 사람은 어떤 인물인가 하는 것은 나의 외모에서부터 나의 버릇, 습관, 사회적 위치, 친구 관계, 교양 정도, 종교 등 내가 가지고 있고, 내가 내 주변에 배치해 온 것들의 합(合)으로 규정되는 것입니다.

그런데 만약 그것들 중 어느 하나를 나로부터 없앤다면, 예를 들어 고집스러웠던 내가 그 고집을 버린다면, 이는 곧 내가 변화됨을 의미합니다. 이렇게 나는 변화, 또는 변질(?)될 수 있겠는데, 이제까지의 나와는 다른 나로의 자리바꿈, 또는 〈탈바꿈〉이라고 할 것입니다. 이제까지 여기에 이렇게 서 있던 내가 이제 저기에 저렇게 서게 되는 것을 말합니다. 즉, 이런 모습으로 서

있던 내가 탈을 바꾸어 쓰고 이제 저런 모습으로 서는 것을 말합니다.

이것이 예수의 가르치심처럼 나를 살리느냐, 죽이느냐 하는 문제가 됩니다. 지금 가지고 있는 것들을 버려서 지금의 나를 죽이고 다른 나로의 변화를 말함입니다.

역시 쉽지 않습니다!

거울

야고보는 "누구든지 도를 듣고 행하지 아니하면, 그는 거울로 자기의 생긴 얼굴을 보는 사람과 같으니, 제 자신을 보고 가서 그 모양이 어떠한 것을 곧 잊어 버린다"(약 1:23-24)고 했습니다.

거울을 대충 보고 그 생김새를 곧 잊어버리는, 즉 도(道)를 듣되 돌아서면 곧바로 그것을 잊어버리고 행하지 아니하는 사람들에 대한 충고일 것입니다.

지금은 거울이 하도 발달되어 그것을 잠시만 들여다보아도 자신의 얼굴을 구석구석 상세히 살펴볼 수 있기 때문에, 자신의 얼굴을 잘 모르거나 잊는 사람이 있을 리 만무하지만, 야고보가 살던 2,000년 전에는 아마도 거울의 품질이 형편없었기에 위와 같은 비유가 가능했으리라 생각해 봅니다.

그처럼 먼 옛날에는 거울이 보편화되지 않았을 것입니다.

아마도 좀 여유 있는 집 같으면 동경(銅鏡) 등의 쇳경을 사용했을 수도 있었겠지만, 그렇지 않은 서민들은 물위에 자신의 모습을 비춰보거나 하는 것이 고작이었을 것입니다.

그러기에 솔로몬도 "물에 비치면 얼굴이 서로 같은 것 같이"(잠 27:9)라고 하여 얼굴을 '물'에 비친다고 했을 것입니다.

이와 같이 먼 옛날, 거울이 아예 없었던 시절에는 너나 할 것 없이 수면(水面) 위에나 자기 얼굴을 비춰 보는 수밖에는 별다른 도리가 없었을 테고, 스스로 정확한 자신의 모습을 모르고 살았을 것입니다. 그 때는 나 자신은 정작 스스로를 보지 못하고, 남들이 나를 더 정확히 알고 있었다는 얘기가 됩니다. 즉, 오히려 남이라는 거울을 통해서 나를 더 상세하게 알 수 있었다는 말이 되는 것입니다.

지금은 물론 좋은 거울들이 많아서 자기 자신을 세밀하게 살펴볼 수 있습니다. 필요한 부분은 확대하여 더 자세히 볼 수 있는 볼록거울까지도 있습니다, 또는 오목거울도.

하지만 지금도 나를 내 거울이 아니라 다른 사람이라는 거울을 통해서 본다면 어떻게 보일까요?

궁금합니다.

'저들은 나를 어떻게 보고 있으며, 나를 어떻게들 묘사하고 있을까?'

요즘 사람들은 자기 외모를 거울로 통해 알고, 그것을 더욱 아름답게 꾸미기 위하여 성형, 정형 등을 합니다.

나의 내부도 더 아름답게 보이도록 성형, 정형, 또는 개조에 게으름을 피워서는 아니 될 것입니다.

말씀이라는 거울로!

비판 금지?

언젠가 읽은 글 중에 다음과 같은 내용이 눈에 들어왔습니다.

"진실하라는 말이 우리가 알고 있는 모든 것을 다 말하라는 것이 아닙니다. 성경도 비밀을 인정하고 그것을 지켜 주라고 합니다. '너는 이웃과 다투거든 변론만 하고 남의 은밀한 일은 누설하지 말라.' 가끔은 다른 사람의 비밀을 누설하고는 '난 다만 진실을 말했을 뿐'이라고 말하는 경우를 봅니다."

"누군가 남의 말을 하려고 내게 탐색하는 말을 할 때 그 남에 대해 인정하고 칭찬하는 말을 한마디 하는 겁니다. 그러면 그에 대한 말은 쑥 들어갑니다."

진실하라는 말이 우리가 알고 있는 모든 것을 다 말하라는 것은 아닐 것입니다. 그럼에도 우리는 가끔 다른 사람의 비밀을 누설하고는 '다만 진실을 말했을 뿐'이라고 말하는 경우가 적지 않습니다.

물론 무슨 문제가 있을 경우, 그 문제를 해결하기 위해서는 무엇보다 자기 자신에 대해 정직해야 할 것입니다. 나 자신의 성격이 너무 솔직하고 직선적이어서 거짓말을 할 줄 모른다고 생각할지 모릅니다. 아니 스스로에게 그런 식으로 최면을 거는지도 모릅니다. 그러면서 상대의 결점을 지적하면서 이렇게 말할 때도 있을 것입니다. 직접적으로 말은 하지 않을지도 모르지만 적어도 속으로는 그렇게 말하고 있는지 모릅니다.

"내가 이런 말을 한다고 해서 오해하지 않았으면 좋겠어. 너를 위해 하는 말이니 그대로 받아 주었으면 해. 내가 거짓말을 할 줄 모르는 성격인 줄 너도 잘 알잖아."

그러나 이런 태도는 엄청난 상처를 낳게 하는 심각한 폭력이 아닐 수 없습니다. 언어폭력인 것입니다. 물리적인 폭력이 동반하지 않는다 해서 덜 심각한 것은 결코 아닙니다. 오히려 훨씬 더 심각하다 해야 할 것입니다. 물리적인 상처야 치료하면 금방 나을 수 있지만, 혀라고 하는 날카로운 칼로 입힌 상처는 쉽사리 치유되지 않기 때문입니다.

그러나 우리는 상대에게 심한 상처를 안겨주는 폭언을 서슴지 않으며 자신을 정당화합니다. 물론 자신의 의견을 솔직하게 얘기하고 자신 있게 개성을 표현하는 것은 바람직하기도 하고 권할 만한 일입니다. 그러나 오늘날 너무나 솔직한 나머지 상대방의 마음에 상처를 안겨주는 폭언이 난무하고 있다는 점에 있어서는 우려하지 않을 수 없습니다.

현대인들의 특징을 들라면 그 중 하나로 절제하지 못한다는 것을 들 수 있을 것입니다.

간질거리는 입을 통제하지 못하는 것입니다.

그러나 비판 받을 만한 짓을 저지른 이에게는 어찌 해야 합니까?

뿐만 아니라, 예수님께서는 '옳다', '아니다'를 분명히 하라고 하시지 않습니까!

바울도 갈라디아인들에게 "그러한 자를 바로잡고"라고 말하고 있고, 마 18:15에서는 "권고하라"(show him his fault), 딤후 3:16에서는 성경이 "책망"(rebuke)에 유익하다고 말씀하고 있어 '비판, 책망, 권고'를 권고하고 있지 않습니까!

그렇다면 이를 '비판하지 말라, 헤아리지 말라'는 말씀과 어찌 조화시켜야 하는가 하는 문제를 풀고 나가야만 합니다.

그 답은 위 말씀들의 전후를 살펴볼 때, 비판을 무조건 하지 말라는 것이 아니라, 필요할 때는 비판해야만 하며, 비판할 때는 비판하되, 오직 말씀과 사랑과 기도로 해야 한다는 가르침임을 알 수 있습니다.

또 우리는 "누군가 남의 말을 하려고 내게 탐색하는 말을 할 때" 우리는 그 유혹을 이기지 못하고 매우 쉽게 넘어가곤 합니다.

그 원인 중에 가장 큰 것을 들라면, 우리에게는 아담 이래로 불평, 불만을 말하고 싶어 하는 본능이 있다는 점을 들어야 할 것입니다.

아이들에게 그 누구도 불평 불만하는 법을 가르쳐주지 않지만 그들은 곧잘 하지 않습니까! 바가지 긁는 법을 배우지 않았음에도 많은 여인들이 바가지를 잘 긁지 않습니까!

그래서 누군가가 남의 말을 하려고 나에게 탐색을 하면 그 뇌관을 건드리게 되어 금세 함께 폭발하고 마는 것입니다. 폭발할 만반의 준비가 되어 있다고나 할까요.

누군가가 나를 향해 그러한 '탐색을 시도'할 때 그 저의에 쉽게 휩쓸리려는 경향이 우리 안에는 잠재되어 있다는 말입니다.

그런데 두 가지 원인 모두 우리 스스로 잘 인지하고 있지 못하다는 데 문제의 심각성이 있습니다.

그러면 어찌 해야 합니까?

각자 가진 답이 있을 것입니다.

그런데 각자 알고 있는 그 해답대로 과연 행하고 있느냐 하는 것은 별개의 문제일 것입니다.

산(酸)의 무서움

강한 산(酸)은 자기 자신이 담겨 있는 그릇도 상하게 하지만, 그것이 다른 물건에 부어지거나 닿게 되면 그 대상들까지도 상하게 합니다. 그래서 산은 무섭기도 하거니와, 항상 커다란 주의를 기울여 다뤄야만 할 대상입니다. 그러한 산(酸)이 산(山)처럼 커지면 무서움과 해로움은 더욱 커지겠지요.

우리들의 '미움'도 마치 그 산과 같지 않습니까?

미움을 우리 마음에 담아두면 우리 자신을 상하게 함은 물론, 그 상대방에게도 커다란 상처를 입히게 된다는 점에서 말입니다. 비단 사람들과의 관계뿐 아니라, 심지어는 애완동물이나 집에서 기르는 화초들까지도 마찬가지 결과를 보인다는 연구, 보고가 있습니다.

어떤 대상을 미워한다는 것은 불가불 그 대상을 만나고 싶지도 아니하고, 더불어 말도 함께 하기 싫어지는 현상을 수반하지 않습니까?

그 대상이 사람이라면 관심을 끊고자 애를 쓰게 되며, 돌아보고 싶지 않게 되는 것입니다.

그런데 관심을 끊을 수 없는 대상인 경우에는 문제가 자못 심각합니다.

가령 어느 회사 사원이 자기네 사장이 밉다 해서 그에 대한 관심을 쉽게 끊어 버릴 수는 없는 노릇 아니겠습니까? 그보다 더 심각한 경우로 부부 사이에, 그리고 부모와 자식 사이에 놓여 있는 갈등이나 불화 등을 들 수 있을 것입니다. 고부간의 갈등 또한 결코 그에 뒤지지 않습니다. 이들 관계는 상대가 설혹 밉다 할지라도 결코 그 관계나 관심을 단절시킬 수 없는 관계일 테니 말입니다. 관계를 줄여 보려고 애를 써보기도 하겠지만, 그리 되지는 않는 것이어서, 이 경우의 그 미움은 모두에게 틀림없이 위의 산과 같이 작용하게 되는 것입니다.

사람은 될 수 있으면 보지도 아니하고, 만나고 싶지도 아니하며 전화 등의 연락도 취하고 싶지 않은 상대가 있을 때, 그 상대와의 관계를 위와 같이 그처럼 소원하는 바대로 만들 수 있게 되었다 할지라도, 나의 기분이나 감정이 결코 후련해지거나 홀가분해지지 않습니다. 오히려 꺼림칙하고 개운하지 않은 기분으로 살게 되어 있습니다.

급기야는 그런 나 자신까지 싫어지게 됩니다.

그러한 감정들은 다시 점점 나의 양심을 갉아 먹게 되며, 결국에는 나의 육신까지도 상하게 만드는 것입니다.

그런데 그 상대방이 자신에 대한 나의 감정을 결국은 알게 마련이어서, 나만의 감추어진 감정인데 누가 알겠느냐고들 믿기도 하고, 또 겉으로는 애써 태연한 척 오히려 많이 베푸는 척 하기도 하지만, 너와 나는 함께 그 마음을 상하게 되는 것입니다. 그 베풂은 마음이 들어 있지 않는 그저 빈껍데기에 지나지 않는 것이라는 것을 시간이 지나면서 느껴 알게 되어 있기 때문이지요.

알맹이 없이 빈껍데기뿐인 겨가 바람에 날리는 것과 같은 이치이지요.

미움은 강산성입니다.

그것을 내 안에 담고 있으면 내 스스로가 상함은 물론이거니와, 결국 내가 사랑해야 할 그 상대방에게도 나로 말미암아 커다란 상처를 입히게 되는 것입니다.

다행히도 저는 지금 제 안에 산을 가지고 있지 않습니다.

감사한 일입니다.

매일 가면무도회를?

어떤 사람을 향한 불만이나 혐의가 있으면 기도가 나오지 않는다고 합니다.

도둑이 제 발 저리다는 말일 것입니다.

하나님께서 우리를 당신과 닮은 모습으로 지어 주셨다니까, 그분의 영을 닮은 내 영이 이 같은 영적 상태를 스스로 가만 놓아두지를 못하는 것입니다.

전적으로 그 사람의 잘못으로 말미암아 생긴 불만이라고 믿는 경우라 할지라도(전적으로 상대방의 잘못인 경우가 어디 있을까 마는), 기도하기 위해 눈을 감으면 기도가 제대로 되지 않는 것입니다.

성경에는 이런 구절들이 있습니다.

"그러므로 만일 네가 성전 제단 앞에 서서 하나님께 제물을 드리려고 할 때 네게 원한을 품은 형제가 생각나거든 제물을 제단 앞에 그대로 두고 가서 그에게 사과하고 화해하라. 그리고 와서 제물을 하나님께 드려라"(마 5:23-24).

"아무에게나 혐의가 있거든 용서하라 그리하여야 하늘에 계신 너희 아버지께서도 너희 허물을 사하여 주시리라"(막 11:25).

그런데 여기 나오는 우리말의 '혐의'라는 말은 좀 낯설고, 무슨 뜻인지 쉽게 와 닿지 않습니다. 성경은 가끔 차라리 영어로 보는 편이 이해가 빠를 때가 있습니다. 영어로는 'anything against anyone', 또는 'anything against each other', 또는 'grievances against one another'로 '이웃의 뜻을 거스른다', 또는 '반대한다', 또는 '불만' 정도의 뜻이 됩니다(위에 나오는 마태복음의 '원한'이라는 말도 영어 성경에는 'something against your brother'라고 표현되어 있어 사정이 마찬가지입니다).

그런데 이렇게 해석을 해놓고 보면 이해가 쉽긴 하지만 그 범위가 훨씬 넓어지는 느낌이 들어 마음이 좀 불편해집니다. 즉 누구와 맞붙어 싸우거나, 말다툼을 하거나, 악한 짓을 하는 정도가 아니라, 더 나아가 내가 의도하지는 않았을지라도, 내가 취한 어떤 행동이나 말(언어)로 말미암아 누가 불편해 하는 것, 또는 뚜렷한 이유 없이(정당한 근거 없이) 누구를 반대하는 마음(상대방이 아는 경우는 말할 것도 없겠지만, 설혹 상대방이 모를지라도)까지도 포함하기 때문입니다.

앞의 경우들만 말하는 것이라면, 지키기가 한결 쉬울 텐데 말입니다.

아무튼, 내가 이럴 때는, 나는 반드시 스스로 먼저 불편해 해야 합니다.

그리고 그 원인을 찾아 제거해야만 합니다.

'나는 가족이나 이웃에게 원망들을 만한 일을 한 적이 없는 가?'

본의도 고의도 아니지만, 물론 있습니다.

더 나쁜 경우도 있습니다.

어느 누구를 싫어하는데, 상대는 모르지만, 겉으로는 내색을 하지 않고 미소를 짓는 경우가 바로 그렇습니다. 말하자면 늑대가 양의 마스크(가면)를 쓰고 있는 꼴이라고나 할까요.

오래 전 사무실 직원 하나를 몹시 싫어한 적이 있었습니다. 미워한다는 표현이 틀렸으면 싶은데, 사실 그 말이 정확한 표현입니다. 그가 사람의 생각으로는 도무지 취할 데가 없는 사람같이 느껴졌기 때문입니다.

도대체 그는

늘 지각이고, 결근도 많습니다.

자신이 맡은 업무를 소홀히 합니다. 그냥 소홀한 정도가 아니라, 차라리 하루 종일 빈둥거리며 놀고 말지, 지시하기 전에는 절대로 먼저 일에 착수하는 법이란 없습니다. 지시 받은 일도 제대로 하는 경우가 드물지만······.

거짓말도 잘 합니다. 이유나 변명 정도는 수백 가지를 이미 완벽하게 준비하여 다 외워 가지고 있는 사람 같습니다. 어느 경우를 만나더라도 즉각 튀어나올 수 있게······.

그러니 어찌 그를 예뻐할 수가 있겠습니까?

나를 합리화시키려는 안간힘으로 위와 같이 그의 부족한 점을 나열해 보았지만, 사실 그를 미워할 이유가 되어서는 아니 될 것입니다.

하지만 예뻐해지지 않는 것을 어찌합니까!

그리하여 나는 매일 마스크를 쓰고 그를 대합니다.

나는 나의 그 싫어하거나 미워하는 감정을 얼굴에 나타내지 않습니다. 아니 양의 마스크를 한 꺼풀 뒤집어쓰고 그러한 감정들일랑 마스크 뒤에 아무도 모르게 감춰둔 채, 겉 얼굴에는 전혀 내색을 하지 않는 것입니다. 그 마스크는 선하게 미소 짓는 양의 모습을 하고 있습니다. 하지만 바로 그 뒤의 진짜 마스크(얼굴)는 험악한 늑대의 표정을 지닌 채로 나는 매일 그렇게 가면무도회를 하고 있었던 것입니다.

그러나 이런 저런 모든 사람을 다 용서하시는 하나님께서는 나에게도 그를 용서하라 하십니다. 물론 이런 경우에 용서 받아야할 사람은 다른 사람이 아니라, 나 자신이었습니다. 하지만 내가나를 용서할 수 없으니, 먼저 내가 해야 할 일은 그를 대할 때 내가 쓰고 있는 그 마스크(우리말로는 '탈')를 벗는 일이었습니다.

지금은 지나간 일이 되었지만, 스스로도 싫증이 나는 그 가면무도회를 중단하기가 그리도 어려웠던 기억이 납니다.

다행히 그 후로는 마스크를 다시 쓰지 않습니다.
하지만 아직 폐기하지 못한 채 보관해 둔 그 마스크를 간혹 만지작거리는 때는 없는지 자문해 봅니다.

또 다른 탈춤을 추기 위해…….

어느 별난 친구 이야기

제영국인 친구, 커너(Mr. Nigel Kerner) 씨를 소개합니다. 불쑥 그에 관해 얘기하고 싶은 생각이 들었습니다.

제 큰 딸아이는 저희 가족이 스리랑카에 나가 살게 되면서 거기서 고등학교를 다녔습니다. 같은 반에 영국에서 온 아이들도 몇이 있었지요.

고교 졸업 후, 영국 대학을 목표로 현지에서 영국 수능(?, A-level이라 함)을 치렀으나, 컴퓨터 사고와 당국의 행정 착오로 채점과 발표가 늦어진데다가, 채점 실수로 인해 어처구니없게도 당해 진학을 하지 못하게 되고 말았습니다(재채점을 요구하여 결국 시정해 받았지만, 그것은 그 다음 해의 일이었습니다). 할 수 없이 영국에 있는 아카데미에서 재수를 하기로 했는데, 마땅히 숙식할 데가 없어 걱정이었습니다.

그러던 차에 졸업 후 영국으로 돌아가 있던 같은 반 친구 하나가 자기가 살고 있는 집에서 숙식을 하면 되니 아무 걱정 말고 그저 오기만 하라는 연락을 해왔습니다.

자기가 살고 있는 집이라니?

자기 집이 아닌가?

하지만 자신 있게 추천(?)하는 바람에, 일단 가서 직접 보기로 했습니다.

결국 그 영국 친구가 있다는 집에서 여러 달을 '무전취식' 하면서, 무사히 다닐 수 있었습니다. 그리고 이듬 해 제 딸아이는 원하던 대로 소위 일류 대학에 합격했습니다.

그 집이 바로 커너 씨의 집입니다.

드넓은 농장의 한 가운데 버티고 있는, 소위 번지가 없다는 장원(Manor)입니다. 방이 스무 개도 넘는 그야말로 대저택입니다. 욕실이 딸린 독방이 제공되었습니다. 침식은 역시 무료였습니다. 매일 아카데미까지의 왕복(승용차로 대략 40분 거리인데, 물론 그 저택까지는 버스가 다니지 않습니다)까지도 그 집에 '묵고' 있는 '좀 색다른' 의사 하나가 자기 출퇴근길에 자신의 자가용으로 맡아 주었습니다. 자그마하지만 실내 수영장이 있고, 당구장, 테니스 코트도 있습니다. 물론 그 아이에게는 필요 없는 것이었지만, 여러 마리의 말과 함께 승마장도 있고요.

커너 씨의 집은 바로 그런 집이었습니다.

그런 저택을 소유한 커너 씨는 과연 어떤 인물일까, 참으로 궁금했습니다. 그런 엄청난 저택을 소유하고 있기 때문은 물론 아니었고, 처음 보는 제 딸애한테까지 그와 같은 '선을 베풀 수 있는'(미안합니다. 저에게는 더 이상 마땅한 표현이 떠오르질 않아서) 그 사람은 도대체 어떤 인물일까 하는 강한 호기심 때문이었습니다.

그는 다음과 같은 사람입니다.

이혼한 부모의 장남으로 침례 교인입니다. 나이는 제 또래입니다. 의학을 공부했음에도, 작가로서의 길을 걷기로 하고 의사되는 것을 포기했습니다. 작가로서의 길이 그리 순탄치만은 않았던지 많은 고생을 했지만, 결국 30대 중반에 쓴 영화 시나리오가 히트하면서 돈방석에 올라앉게 된 현역 작가입니다. 돈방석에 앉게 되었다는 표현은 좀 속된 표현이고, 그의 피나는 노력에 대한 대가로 명성과 함께 부도 따르게 된 것입니다. 부동산 투기나 주식 투자 따위로 갑자기 벼락부자가 된 것이 아니라…….

스리랑카인 아버지와 영국인 어머니 사이에서 태어난 그는 8세 때 아버지를 따라 영국으로 이주했습니다. 부모의 이혼으로 어린 시절에 극심한 마음고생을 경험했습니다. 아들이 하나 있는 영국인 미망인과 결혼하였고, 슬하에는 처의 전 남편 소생 아들 하나 외에 다시 1남 1녀를 두었습니다. 그 외에 입양한 자녀들이 여럿 있습니다. 첫 시나리오가 크게 히트하고(영화 '터미네이터 1'의 원작자), 그 뒤로도 여러 작품들이('그린 토마토' 등등) 성공하면서 작가로서의 발판을 굳혔습니다.

그리고 그의 생각(소박하게 그냥 '생각'이라고 부릅니다)과 그 생각이 낳은 그의 생활은 이렇습니다.

　부모의 이혼으로 마음고생이 심했던 어린 시절을 생각해 자신은 결코 이혼하지 않겠다는 결심과 함께, 평생 결손 가정을 도우며 살겠다는 욕심(?)을 가지고 이를 실천하며 살고 있습니다. 방이 20개도 넘는 그의 집에는 사시사철 사람들로 붐빕니다. 이혼녀, 고아 입양, 손님(예를 들면, 제 딸아이 같은), 형편이 어려운 사람들이 끊이지 않고 들락거리며 더불어 살고 있기 때문입니다. 함께 살고 있는 어려운 아이들은 학교도 그냥 보내 줍니다(제 딸아이더러 오라 했던 딸의 친구 녀석도 이 경우에 해당합니다).

　매년 반 년 가량을 어머니의 나라인 스리랑카에서 지내고 있는데, 이는 스리랑카에 수백만 불짜리 병원을 짓고 있기 때문입니다. 의료 혜택을 받지 못하는 어려운 자들을 위하여 자그마하지만 첨단 시설을 갖춘 현대식 병원을 자비로 짓고 있는 중입니다. 완공 후에는 스리랑카 정부에 기증하겠다는 것인데, 그러나 운영은 자신의 부담으로 영국인 의사, 간호사들을 데려다가(대부분 같은 뜻을 가진 자원 봉사자) 운영하겠다는 것입니다.

　위에 말씀 드린 '좀 색다른 의사' 한 분(앤드류)도 동참하기로 했습니다.

　큰 사람이지요?

　실제 물리적인 체격도 퍽 큽니다만……

그와는 지금까지 교제를 계속해 오고 있습니다.

제 자식들이 영국에 출장을 가거나 하면 여전히 그 댁에 가서 신세를 지고, 저 역시 그 근처에 갈 일이 있을 때면 거기 들러 무전취식하며 놀다(?) 옵니다.

하나님께 감사드립니다.

제가 임의로 만들 수 있는 성질의 관계가 아니라는 것을 알기 때문입니다.

그리고 커너 씨에게 감사합니다.

마음 놓고 신세 질 수 있는 친구여서가 아니라, 무엇보다 저에게 많은 가르침을 주는 친구이기 때문입니다.

저는 큰 사람을 만나, 큰 도전을 받았습니다.

날씬한 예배당

한국의 기독교인들은 별로 좋아하지 않는 날씬한 예배당 한 곳과 그곳의 날씬한 목사님을 소개합니다. Adighama 교회와 Asanga 목사(맨 오른쪽)입니다.

좋은 교회입니다.

늘 여름뿐인 나라지만, 삼면이 탁 트여 선풍기나 에어컨이 필요하지 않습니다.

숲 속에 있기 때문에 맑은 공기를 마시며 예배드릴 수 있습니다.

잘 치지도 못하는 기타 하나로 찬양을 드리지만, 그들이 드리는 예배의 열기는 놀랍기만 합니다. 그리고 뒤쪽에 보이는 하얗게 회칠한 공간은 아상가 목사의 거처입니다.

한국 교회들은(일부) 예배당을 건축하는데 수십 억, 수백 억(2천 억짜리도 있다고 합니다만)으로 부담을 주고 받지만, 이들에게는 그러한 고민 따위는 없습니다. 한국 아파트 한 평 분양가 정도면 근사하게 지을 수 있지만…….

그 안에서 예배드리는 교인들의 마음은 부자랍니다.
그러기에 작은 일에도 감사할 줄 압니다.

다윗과 아기스
(삼상 27장)

다윗이 사울 왕의 살해 위협을 피해 적국 블레셋으로 피해 달아난 장면입니다.

가드 왕 아기스에게 붙어살게 됩니다.

그리고 하나님의 백성들을 귀찮게 구는 그들과 대적하여 싸움을 벌이기는커녕, 오히려 잘 보이려 애를 씀으로 결국 한 성읍까지 선물로 받습니다.

하나님의 사람, 사무엘로부터 기름부음을 받은 사람, 그 다윗이 제 나라를 버리고 자기에게 주어진 사명을 저버린 것입니다.

하나님을 배반한 것입니다!

하지만 다윗의 이러한 배반에도 하나님께서는 그를 버리지 않으셨습니다. 더 이상 죄를 짓지 아니하도록 지켜주셨습니다.

나도 자주, 아니 매일의 삶을, 다윗처럼 적국 블레셋 땅에 들어가 삽니다.

때로는 할 수 없다는 핑계로, 때로는 적극적으로…….

적을 도우면서, 잘 보이려 애쓰면서, 환심을 사려고….

그 안에서 내 안위를 도모합니다.

그리고 거기서 더러운 이익을 추구합니다.

아랍인들은 오랫동안 코카콜라 등 유태인 상품의 사용을 일체 거절했던 적이 있습니다. 자기들의 유일신 알라를 기쁘게 하기 위하여, 아기스와의 동거를 단호히 거부했던 것입니다.

나도 아기스의 그늘에 의탁하고자 하려는 유혹을 이기지 못할 때가 많습니다.

나는 오늘도 블레셋으로 발걸음을 옮기고 있습니다.

아니 이미 그 그늘에 들어가 살고 있습니다.

두렵습니다!

'나는 오늘도 넘어지고 마는가?'

'사울을 넘어서질 못하고 마는가?'

'결국 또 아기스의 비위를 맞춰야만 하는가?'

아~, 그러나 그분께서는 끝까지 다윗을 지키셨고, 사울을 없애 주셨으며, 결국 아기스의 손으로부터 그를 구원하셔서, 그를 왕으로 세우셨지요.

하나님!

다윗의 힘이 되어 주신 당신을 사랑합니다!

다윗에게 주셨던 것과 똑같은 힘과 용기를 오늘 저에게도 변함 없이 주실 것을 믿습니다.

당신께서는 당신의 이름을 위하여 당신의 자녀를 버려두시지 아니 하시는 분이신 줄 알았나이다.

이제 저로 사울의 손아귀로부터 지켜주시며, 그리고 아기스와 의 동거를 막아 주실 줄을 믿습니다.

어우러짐

빨강, 초록, 연노랑 등이 어우러져 멋진 색을 연출하고 있습니다.

이런 저런 색들이 조화되어 아름다운 그네들의 한마당 삶을 보여주는 듯합니다.

여럿이 어우러져 악취를 품어내는 것들도 있지만, 어우러져 아름다움을 만들어내는 일도 많습니다.

예를 들어 오케스트라나 사물놀이가 그렇고, 위의 꽃이 그렇습니다.

어우러져 이웃을 돕는 손길들도 아름답습니다.

하얀 손, 검은 손, 노란 손….

어우러져 아름다움을 만드는 것은 균형과 평화를 만드는 것이기도 합니다.

'샬롬'에 이르는 길이 될 것입니다.

'나는 어디서, 어떻게 어울릴 것인가?'

소박함은 좋은 것인가?

스리랑카의 깊은 산속 고무농장지대에 소재한 Sevanapitiya 교회와 Nishantha 목사 가족입니다. 이 소박한 토담 건물은 예배당이자, 저들의 살림집입니다. 건물이라 부르기도 민망한 한줌 흙뭉치에 지나지 않을지 모르지만, 사진에서 금방 느낄 수 있듯이 늘 갈고 닦아 참으로 정결합니다.

산간의 농장 지역은 도로 사정이나 지형, 그리고 거리 관계 등 도보로는 가정방문이 어려워 말씀 전하기가 매우 어려운 실정입니다. 가족들의 불편을 무릅쓰고 그런 곳에서 일하기를 기뻐하는 일꾼들을 보는 것은 참으로 반갑고 감사한 일이 아닐 수 없습니다.

물론 차량을 살 수 있는 형편은 못 되지만, 설혹 살 수 있다 하더라도 도로가 차량이 다닐 수 없는 좁은 비포장 산길이어서 그들에게는 오토바이가 필수적인 교통수단입니다. 채 개발되지 않은 시골 산간벽지에는 버스도 다니지 않고, 자전거로의 접근도 불가능합니다.

버스가 있어도 시골이라 자주 다니질 않고, 아직도 많은 지역에서는 오후 5~6시면 운행이 끊깁니다. 오래 전 우리나라에서도 그랬듯이.

열정적으로 말씀을 전하러 다니는 젊은 일꾼들 중에는 어느 깊숙한 마을에 들러 시간가는 줄도 모르고 말씀을 나누다가 버스를 놓쳐 아무데서나 잠을 자고 이튿날 나오는 경우도 심심치 않게 발생합니다.

한국에는 수억 짜리 마이바흐나 BMW 등 고급 승용차를 지닌 목사나 승려들도 있다는데, 오토바이 한 대만 있었으면……

사람 좋은 저 소박한 목사는 저 소박한 토담 예배당에 어울릴 만한 소박한 중고 오토바이를 꿈꾸고 있습니다.

좋은 주인

스리랑카에서, 소위 족보가 있다는 순종 '요크셔 테리어'를 길러본 적이 있습니다.

온 가족이 참 좋아했습니다. 그런데 어린 것이라서 그런지 신경 써 줘야 할 일이 무척 많더군요. 소아마비 등 각종 예방 접종들을 위해서 날짜에 맞추어 병원에 데리고 가는 일에서부터 털이 긴 종자라서 때 맞춰 털 깎는 일, 어린 것이라 똥오줌을 잘 가리지 못해 훈련시키고, 쫓아다니고, 처리하는 일 등에 이르기까지 말입니다.

제 아내의 정성은 유별났습니다. 저한테 해주는 서비스보다 훨씬 양질(?)의 서비스를 제공하는 지경이었으니까요. 고기를 갈아 먹이질 않나요. 야채를 갈아 먹이질 않나요. 햄버거를 만들어 주질 않나요. 원래 애완용 강아지는 될 수 있는 한 몸을 작게 유지하기 위해 가급적 사료로만 적게 먹여야 한다고 합니다. 그런데 적어도 제 아내에게만큼은 그 이론(?)이 아무런 쓸모가 없었습니다.

어디 그뿐입니까?

이틀 걸러 마치 갓난아이 목욕시키듯, 따뜻한 물을 준비하여 (뭐 온도가 적당해야 한다나요), 정성스레 목욕을 시키지요. 저는 썩 내키지 않는데 아이들은 잠도 같이 잘 정도로 귀여워했습니다(저는 인간과 개의 잠자리는 좀 구분되어야 한다는 입장입니다만).

온 가족으로부터 그야말로 '총체적'인 사랑을 한 몸에 받았던 것입니다.

그 나라에는 길거리나 빈 터, 공장 등 어디서나 야생(?)개들을 많이 볼 수 있습니다(고양이도). 모두 주인 없는 개들입니다. 어찌나 많은지 어떤 특정한 시간이나 장소에서만 보이는 것이 아니라, 문만 나서면 어디서나 만날 수 있습니다. 그런데 저는 그 개들을 볼 때마다, 측은하다는 생각을 하곤 합니다. 뭔가를 하소연하는 듯한 그들의 간절한 눈망울을 보고 있노라면 정말이지 측은하기만 합니다.

먹을 것을 구하기가 쉽지 않기 때문에 몸은 아주 작고 날씬(?)합니다. 누가 치료해 주는 사람이 없기 때문에 피부병이나 소아마비 등 각종 질병에 시달립니다. 여기 저기 너무나도 많기 때문에 사람들로부터도 시달리거나 천대를 받습니다. 천덕꾸러기인 셈이지요.

한국에는 보신탕 집 우리에 갇혀 있는 개들이 있습니다.

저들은 언제 죽을지도 모르는 채, 그들을 살찌우기 위하여 주인이 던져주는 먹이를 서로 먼저 많이 먹으려고 아귀다툼을 하며 하루하루를 살아갑니다.

왜 같은 개이면서도 이렇게 각각 다른 삶(犬生이 되겠습니다만)을 살아야 하는 것일까요?

그것은 주인이 누구냐 하는 문제로 귀착되는 것 같습니다.

주인이 아예 없거나, 주인이 있더라도 주인을 잘 만났느냐, 못 만났느냐에 따라 그들의 삶에 그렇게도 엄청난 차이가 생기게 된 것 아닙니까?

그런데 이런 생각을 하다 보면, 사람의 경우도 이와 크게 다르지 않다는 생각이 듭니다.

예를 들면. 사원은 사장을 잘 만나야 좋은 대우를 받습니다. 여자는 두레박 팔자라는 옛말도 있듯이, 좋은 남편을 만나야 행복한 삶을 보장받을 수 있습니다(둘이 주종관계라는 뜻은 아닙니다). 또 백성은 좋은 왕(지도자)을 만나야 하는 등, 그 예가 많지 않습니까?

그러나 조금만 더 생각해 보면, 위에서 예로 든 주인들은 그 상대의 삶을 언제 어디서나 보장해 줄 수 있는 절대적인 힘은 가지고 있지 않음을 알 수 있습니다. 그들 역시 한 치 앞조차도 예측하지 못하는 참으로 힘없는 존재일 뿐입니다. 특히 요즘 우리는 그러한 사례들을 많이 볼 수 있습니다. 소위 금융위기라는 신탁통치(?)는 많은 힘 있던 사장님들, 남편들, 왕(각국의 대통령이나 수상들)들을 참으로 무력하게 만들고 있습니다.

그들로 하여금 그들의 상대들을 더 이상 보살필 수 없도록 몰아가고 있음을 매일같이 지켜보고 있질 않습니까?

그렇다면 언제 어디서나 내 안에 평화를 보장해줄 수 있는 어떤 다른 주인이 있어야만 한다는 말이 됩니다.
아주 색다른 주인 말입니다.
많은 사람들이 그런 것이 무슨 필요가 있느냐며 자만합니다. '나 혼자 힘만으로도 이렇게 여기까지 잘 올라왔는데' 하며 강변합니다. 그렇지만 그것은 겉으로만 그럴 뿐, 강변하는 그들의 어간을 들여다보면, 많은 이들이 자신들의 삶을 한편으로는 매우 허망해하며 살고 있음을 알 수 있습니다.

솔로몬은 역사상 가장 슬기로운 왕 중의 하나로 알려져 있습니다. 그 생의 영화로움과 사치스러움은 버금가는 상대를 찾기 어려울 정도였습니다.
그런데 그러한 솔로몬도 결국 "헛되고 헛되며 헛되고 헛되니 모든 것이 헛되도다!"라고 토로하지 않았습니까? 그러한 삶도 도무지 허무하기 짝이 없더라는 고백입니다.

이사야 선지자는 "소는 그 임자를 알고, 나귀는 그 주인의 구유를 알건마는"(사 1:3) 사람들은 자신의 주인이나 돌아갈 집을 알지 못하고 깨닫지 못한다며 한탄합니다.

승리 = 패배?

인간은 누구나 그 일생을 통하여 '끊임없이 실패나 패배를 경험하며 살아야 하는 존재'라 해도 과언이 아닐 것입니다.

그것들로 말미암아 사람들은 때로 절망하기도 합니다. 때론 넘어지기도 합니다. 넘어져 아예 일어서지 못하는 경우도 없지 않습니다.

하지만 보다 더 많은 사람들은 그것들을 힘차게 딛고 올라섬으로 새로운 승리를 경험하며 살고 있습니다.

너나 할 것 없이 사람들은 누구나 실패나 패배를 두려워합니다.

그러나 실패라고 하는 것은 그저 한 때 지나가는 어느 사건에 지나지 않는다는 것을 알아야 합니다. 중요한 것은 우리가 그것들을 접할 때 그에 대해 어떻게 반응하느냐 하는 것입니다. 엎질러진 우유처럼 이미 벌어진 일, 일어난 일(또는 한 번 저질러진 일)은 이미 그렇게 벌어진 일이고, 내가 그 벌어진 일에 대하여 어떻게 느끼며, 어떻게 대응할 것이냐 하는 것은 다른 문제일 것입니다.

사람들은 이기려 하며 삽니다.

어쩌면 인간뿐 아니라, 모든 동물이 다 그런지도 모릅니다.

소위 생존경쟁입니다.

그러나 우리 인간에게는 다른 점이 있습니다.

우리는 승리 뒤에 견디기 힘든 허탈감을 느끼곤 합니다.

오히려 패배 뒤에 새로운 열정이 솟아나면서 위안이 찾아옴을 경험합니다.

왜 그럴까요?

아마도 우리는 승리를 차지하면, 승리를 가져오게 했던 그 사고나 행동만을 지속하고자 하는 생각 때문일 것입니다. 또는 자만하게도 됩니다.

반면, 패배나 실패를 경험한 후에는 그 실패를 거듭 되풀이 하지 않기 위하여 이제까지와는 다른, 즉 그 실패를 경험하게 했던 것과는 다른 방향을 모색하기 때문일 것입니다.

그런 점에서 보면 역설일지 모르지만, 패배는 개혁적이고, 승리는 보수적이라 할 수 있을 것입니다.

사람들은 이런 사실을 어렴풋이나마 느끼고 있습니다.

현명한 사람들은 가장 멋진 승리를 거두려하지 않고, 가장 멋진 패배, 또는 물러남을 경험하려 합니다.

물러날 때를 잘 알아 물러서야 한다는 말과 일맥상통하는 말이 될 수도 있습니다.

　우리는 이런 경험들에서 교훈을 얻을 수 있습니다.
　우리의 실패는 이르면 이를수록 좋습니다. 즉, 실패가 두려워 어떤 충분히 가치 있는 일을 하기 두려워하거나 주저해서는 아니 된다는 말입니다. 한 때의 실패나 패배가 결코 죽음이나 끝장을 의미하지 않습니다. 물론 실패나 패배 뒤에 절망한다면, 이는 다른 얘기겠지만…….
　또는 같은 실패가 두려워서 다시 도전하지 않는다면…….

　우리는 링컨이나 김대중 대통령과 같은 칠전팔기의 삶을 알고 있습니다.
　그리고 중국 춘추전국시대의 오(吳)왕 부차(夫差)와 월(越)왕 구천(勾踐)의 와신상담(臥薪嘗膽, 일부러 섶나무 위에서 자고, 쓰디 쓴 쓸개를 핥으며 패전의 굴욕을 되새겼다는 뜻)에 관한 고사를 역사를 통해 알고 있습니다.
　또 위대한 과학자 에디슨의 끝없는 시행착오와 그로 인한 많은 절망과 좌절의 경험을 알고 있습니다. 그가 그러한 셀 수 없는 실패와 좌절을 경험하기 거부했다면, 우리는 오늘날 그의 이름을 알지 못하고 있을 것입니다. 그리고 그가 이룩한 수많은 훌륭한 업적들의 열매를 우리가 지금 누리지 못하고 있거나, 어쩌면 개중에는 더 기다려야 했을 것들도 있을는지 모릅니다.

그리고 우리는 다윗의 여러 차례에 걸친 사울 왕으로부터의 쫓김을 알고 있습니다.

그에게는 목숨을 부지하기 위하여 미친 짓을 해야만 했던 시절이 있었고, 적에게 빌붙어 그들과의 동침도 서슴지 않았던 시절이 있었습니다. 하지만 우리는 또한 그의 일어섬을 잘 알고 있습니다.

그것도 아주 우뚝!

또한 요한 마가의 넘어짐과 일어섬을 알고 있습니다.

마가는 바울과 바나바와의 1차 전도여행에 동행했으나 헤어지고, 나중에 바울과 바나바는 마가의 문제로 서로 "심하게" 다투기까지 했다고 누가는 기록하고 있습니다. 그러나 결국 마가는 하나님의 감동으로 다른 복음서의 기초가 된 마가복음을 저술하게 됩니다.

명철한 사람이라면 그의 삶의 목표가 모든 사람들에게 교훈을 줄만한 실패나 패배에 이르는 것이 되어야 할 것입니다. 이 말의 배후에는 새로운 것에 대한 도전이라는 가정이 있습니다. 즉, 무사안일하게 그저 한 자리에 가만히 주저앉아 있는 삶이 아니어야 한다는 것입니다.

인류는 선인들의 그러한 끊임없는 도전과 실패라는 사닥다리를 딛고 오늘날과 같은 문명과 과학을 이룩했다고 할 수 있을 것입니다.

우리는 날마다 크고 작은 실패를 경험하며 살고 있습니다. 이기려 하며 살고 있음에도 불구하고 말입니다.

그러나 그들 실패를 실패로 끝내지 아니하고, 새로운 삶에 대한 도전으로 승화시킬 수 있을 때 우리네 삶은 더욱 값진 것이 될 수 있을 것이며, 앞으로 나아가는 삶이 될 수 있을 것입니다.

예배와 교회 음악

"**내**앞에서 너희의 노래를 멈추어라! 너희가 연주하는 비파 소리도 듣지 않겠다."

성경의 한 구절입니다.

하나님을 경외하며 섬기고 우러르는 마음으로 찬송하는 것은 하나님의 은혜에 응답하는 방도입니다. 이렇게 노래로 하나님을 찬양하는 것을 찬송이라고 합니다.

그렇다면 찬양은 찬양대의 찬양이거나 회중이 부른 노래이거나 간에 음악의 질이나 참석한 회중들에 대한 그의 미학적인 공헌에 있는 것이 아닐 것입니다. 그보다는 진정한 찬양의 통로로 사용된다는 데 대한 성실함과 지식 속에 있는 것입니다.

예배에서 음악은 결코 장식품이 아닙니다. 예배에서 사용되는 음악은 예배자를 예배 행위로 인도함은 물론, 보다 깊은 사색을 통하여 하나님과의 만남을 돕는 역할을 합니다. 찬양대와 악기가 중요할지 모르지만, 혹 그것들을 가장 중요한 것으로 생각한다면 그것은 잘못입니다. 또한 마이크와 악기들을 사용할 순 있으나, 그것들이 너무 소란하여 회중을 압도한다면 이 또한 잘못입니다.

교회에서 찬송을 부른다는 큰 의미는 '함께' 노래한다는 데에 있습니다. 혼자서 찬송하는 것이 아니라(예를 들어 헌금 특송), 또는 특정하게 조직된 단원만 찬송하는 것이 아니라, 온 교회가 함께 찬송하며, 찬송을 통하여 성령의 교제를 함께 나누어야 합니다. 찬양대의 주목적은 하나님을 향한 회중의 찬송을 도와주고 회중의 찬송을 인도하고 강화하는 데 있는 것이지, 노래를 잘하는 사람만 모여서 하는 '리사이틀'일 수 없습니다.

좋은 찬양은 유행에 다르지 않으며 하나님만을 진리의 표준으로 여기는 것이어야 합니다.

성가를 크게 나누면 찬송가와 복음성가의 두 가지로 분류됩니다. 다시 찬송가를 세분하자면, 찬송가와 복음찬송가로 분류할수 있을 것입니다. 성가 중에 인간이 하나님께 직접 아뢰는 노래를 찬송가(Hymns)라고 합니다. 그런데 찬송가를 보면 받는 상대가 다 하나님으로만 되어 있지는 않습니다. 하나님을 찬송하되 직접적으로 찬양하는 것이 아니라, 주로 하나님의 사랑이나 구원의 역사, 수단, 방법 그리고 십자가의 도(道), 하나님이 창조한 만물 등을 통해 간접적으로 하나님을 찬양하는 노래가 있습니다. 즉, "주 예수 넓은 품에 나 편히 안겨서", "구주의 십자가 보혈로" 등의 찬송가가 그러한데, 이처럼 하나님이나 그의 삼위 중 한 위가 이룩하신 어떤 역사나 그의 속성과 그의 복음 등 그에 관한 어떤 사실을 들어 그를 찬양하고 감사하는 노래를 복음찬송가(Gospel Hymn)라고 부릅니다. 그러므로 이 복음찬송가는 자연히 서사시적인 성격일 수밖에 없고 이 복음찬송가의 끝에는 "아멘"을 붙이지 않는 것이 원칙입니다.

그리고 우리가 흔히 복음성가라고 부르는 복음가(Gospel Song)는 하나님을 향한 수직적인 성격의 찬양이 아닌 주로 받는 상대가 인간이 되는 옆으로 또는 수평적인 성격이 있습니다. 그리스도의 복음으로 구원받은 성도들이 그의 간증을 노래하거나, 믿지 않는 이에게 호소하는 노래 등이 복음성가에 속한다고 할 수 있습니다.

기독교인의 경험과 구원에 대한 가장 단순한 표현으로 되어 있는 복음성가는 전도를 위한 목적에서 만들어진 노래입니다. 그런 이유로 교회의 정상적인 예배를 위한 목적에는 적절하지 못한 곡들이 적지 않게 있습니다.

그리고 복음성가는 투쟁적인 노래로서 인간의 영혼을 구원하는 전장의 열기 속에서 불리는 것이며, 즉각적인 복음적 결정을 내리도록 꾸며진 것이어서 원래 예배 시 부르는 찬양의 노래가 아닙니다. 즉 찬송가와는 그 목적이 다르다고 볼 수 있습니다.

그런데 한국교회 예배에서는 전도용 복음성가와 예배용 찬송을 잘 구별하지 못하고 있습니다.

그래서 요즈음;

'오늘날 복음성가는 정말로 영적인 성장을 도와주는 노래인가?'

'감정정인 흥분이 진정한 영적 자극이라고 할 수 있는가?'

'회중 찬송의 수준을 낮출 것인가?'

'혹은 이들을 교육시켜 좀 더 높은 차원으로 올릴 것인가?'

하는 문제들이 꾸준히 제기되고 있습니다.

우리의 삶이 항상 흥분 상태여서야 되겠습니까! 차분하고, 기쁘고, 평화로워야 하지 않겠습니까? 바람직한 신앙 성장은 '하나님'과 '나'와의 올바른 관계 수립이 되어 있는 상태에서만 가능합니다. 그렇다고 횡적인 관계가 필요 없다는 말은 아닙니다. 횡적인 관계도 절대 필요합니다. 복음을 전해야 하고, 이웃에게 하나님의 사랑과 주님의 복음을 전해야만 하는 크리스천이기 때문에.

믿지 않는 이들에게 복음을 전하고 그들로 복음을 알게 하며 그들과 사귀는 데에 복음성가가 필요합니다. 때와 장소를 분별해야 합니다. 주일예배에 부흥회 스타일의 빠른 복음성가를 손뼉을 치면서 부르는 것은 이제 시정되어야 할 것입니다.

같은 맥락에서 악기 사용에 관한 부분도 살펴봅니다.

구약에는 모든 악기를 동원하여 찬양하라는 말씀이 나옵니다. 그러나 신약에 들어와서는 악기 사용에 대한 언급이 없습니다. 성경은 우리가 살아감에 있어 우리에게 필요하고 중요한 모든 것을 다 기록해 놓았습니다. 그럼에도 찬양을 특별히 어찌 어찌 해야 한다는 직접적인 언급은 없는 것입니다.

에베소서 5장 19절은 "시와 찬송과 신령한 노래들로 서로 화답하며 너희의 마음으로 주께 노래하며 찬송하며"라고 했습니다. 여기서 시와 찬송과 신령한 노래들은 과거 선조들이 성령 충만함으로 지어 노래하던 시편 등을 말하는 것인데, 셋 모두 spiritual songs를 의미하고 있으며, '너희의 마음으로'는 with all your heart를 뜻합니다. 다시 말하면 나, 즉 사람 중심의 기분이나 생각이나 감정이 아니라, 신령과 진정으로 노래해야 한다는 말입니다. 구약에 모든 악기를 사용하여 찬양하라는 말씀도 있지만, 신약시대에 살고 있는 우리가 구약을 완성한 법인 신약을 보면 악기 사용 에 관한 언급이 일체 없습니다.

구약에 언급된 것들은 신약시대에 살고 있는 우리들에게는 폐기된 것이 상당 부분 있지 않습니까? 구약시대의 성전이 그렇고, 먹지 말라는 음식들이 쉽게 먼저 떠오릅니다. 예수님께서 당신의 입으로 우물가 여인을 통하여 우리에게 직접 말씀하셨듯이, 성전은 우리 자신이라 하셨습니다. 지금의 교회 건물은 성전이 아니라, 건물 또는 예배 처소에 지나지 않는 것입니다. 그리고 구약에서 먹지 말라는 음식을 지금까지 가리는 사람은 극히 드뭅니다.

그런데 요즘 보면 구약의 특정 부분만을 가려서 구약으로 회귀하려는 움직임이 있습니다. 종교개혁 이전으로 회귀하는 것입니다. 구약에서 자신에게 편리한(?) 부분만을 다시 취하는 데는 내가 믿는 예수님의 뜻을 받들어 그분을 더욱 기쁘시게 해드리자는 의도보다는 의식적이건 무의식적이건 오히려 사람의 기분에 맞추려는 의도가 깔려 있는 경우가 많습니다.

요즘 나오는 새 복음성가들 중에 많은 곡들이 가사만 명맥을 유지하고 있을 뿐, 음악은 헤비메탈에, 힙합에 팝송과의 구분이 없어지고 있습니다. 뿐만 아니라, 점점 비트가 빨라지고 타악기 (특히 드럼) 사용 빈도가 많아지면서 가사를 음미하기가 좀처럼 쉽지 않게 되었습니다. 가사가 주는 의미에 취하는 것이 아니라, 가사의 의미는 모르는 채 그저 곡조에 취하게 되는 경우가 많습니다.

가사도 안전하지 않습니다. 건전한 복음성가들이 물론 더 많겠지만, 요즘 많은 복음성가들을 보면 그 가사가 공예배에 사용하기에는 위험한 수준에 있는 것들이 많습니다. 하나님을 찬양하는 것이 아니라, 자신의 기분을 노래하고 있는 것들이 많습니다.

이는 찬양곡이 아니라, 개인적으로 부를 수 있는 그저 노래라고 해야 하지 않겠습니까?

그리고 모든 수단이라 함은 위의 말한 악기 외에, 요즘 몸살을 앓고 있는 몸짓, 율동, 워쉽 댄스 등을 말하는 것 같습니다. 악기는 앞서 얘기했지만, 몸짓 또한 이제는 디스코텍과의 구분이 어려울 정도로 변해 가고 있습니다.

하나님께서 홍해를 갈라주심으로 바다를 건넌 직후 미리암이 보여줬던 워쉽 댄스도 있고, 다윗이 법궤를 옮기면서 선보였던 워쉽도 있고, 또 예수님은 악기 사용 유무처럼 이 역시 우리에게 금하지도 않으셨지만, 그렇다고 그것을 encourage 하시거나 recommend 하신 적도 없습니다.

그 이유는 명백하지 않겠습니까?

중요하지 않기 때문이라는 것입니다!

다른 말로 하면, 다시 주님의 말씀으로 돌아가 우리 자신이 성전이며, 예배는 신령과 진정으로 드리는 것이지, 악기 사용 유무나 댄스의 유무와는 무관하다는 말씀 아니겠습니까? 성경은 미리암이나 다윗의 춤처럼 긍정적인 춤도 언급하고 있지만, 부정적인 춤도 소개하고 있습니다. 사사 입다의 딸이 춘 춤이 그렇고, 다윗과 사울 왕이 출전했던 블레셋과의 싸움에서 승전하고 돌아오자 백성들이 보여준 노래와 춤이 그것입니다. 하나님을 향한 예배가 아니라 사람들의 기쁨을 위한 행위였기에 이들에게는 죽음(입다의 딸은 죽임을 당함)과 증오(사울이 다윗을 미워하여 살해하려 함)가 뒤따랐음을 우리는 알고 있습니다.

노래한다고 다 찬양이 아니며, 몸을 놀린다 해서 다 워쉽 댄스가 아닌 것입니다.

악기는 옛날 풍금으로 시작한 것이 기타, 전기 기타, 피아노, 그랜드 피아노, 키보드, 신디싸이저, 수억 수십 억짜리 파이프 오르간, 이제는 오케스트라, 드럼까지 왔습니다. 악기 없이도 훌륭한 찬양을 드릴 수 있었는데 급기야 요란한 전자 악기들이 동원됩니다.

그 다음에는 어디로 갈 것인가요?

하나님의 귀가 그에 따라 변천하고 있습니까?

하나님의 취향이 변하고 있기에 우리는 그에 따라 발맞추고 있는 것인가요?

그렇다면 하나님의 취향은 어찌 알았습니까?

앞으로는 찬양을 어떻게 해야 하며, 무슨 악기를 등장시켜야 합니까?

그 끝은 과연 어디일까요?

예수님이 더 기뻐하시도록 하기 위해 어디까지 가야 끝이 보이는 것인가요?

새로운 악기를 기다려야 하는 것인가요?

과연 새로운 악기가 등장할 때마다 예배는 더욱 신령과 진정으로 드려지게 되었으며, 주님의 기쁨도 비례로 증가해 왔습니까?

워십도 간단한 손놀림, 몸놀림, 고갯짓에서 급기야 디스코를 방불케 하는 수준에까지 와 있는데, 과연 이것으로 주님의 기쁨도 증가하고 있는 것입니까?

워십은 어디까지 가야 하는 것일까요?

말하자면 한도 끝도 없다는, 즉 limit가 없다는 말입니다.

그것이 어찌 하나님의 본심일 수 있겠습니까?

(더구나 유행처럼 번지고 있는 드럼 등의 타악기 사용은 진지하게 재고되어야 합니다. 타악기는 신령과 진정으로 예배 또는 찬양을 드리는 데 방해물입니다. 그것들은 신령과 진정이 아닌 감각에 호소하는 수단이기 때문입니다. 선율과 함께 가사를 좇아 음미하기보다 촉감을 자극하기 위한 것입니다. 사물놀이가

좋은 예입니다. 가사도 없는데 사람들은 즐겁다 하고 몸을 들썩거립니다. 공기를 진동시켜 사람의 촉각 또는 말초신경을 자극하는 것이기 때문입니다. 그런데 요즘 교회 반주를 보면, 피아노나 기타조차도 멜로디를 연주하기 보다는 코드만을 이용함으로써 마치 타악기처럼 사용하고 있습니다. 사람들이 그걸 좋아하기 때문입니다.)

악기나 워쉽이 하나님을 더 기쁘시게 했다는 증거는 명백하게 드러나지 않고 있습니다. 반면 그 초점이 수평적인 인간들의 즐거움을 배가시켜보자는 데 맞춰져 있지나 않은지 하는 단서들은 도처에서 발견할 수 있습니다. 하나님의 심기가 요즘 오히려 불편하시지나 않을까 하는 생각이 들 정도로 요즘 현상들이 우려됩니다.

이처럼 성경의(하나님의, 주님의) 뜻이 분명함에도 불구하고 우리 믿는 자들은 그러한 주님의 뜻을 곡해하고 불안한 나머지 온갖 첨단 악기를 동원하여 별스러운 모양의 찬양을 드리는 경우가 많이 있습니다.

악기를 살 수 없는 가난한 교회의 예배는 부자여서 악기를 많이 동원하고 있는 교회의 예배에 비해 열등하며, 그 질이 떨어지며, 하나님이 덜 기뻐하실까요?

그 답은 자명합니다.

후진국의 대부분 교회들은 악기 없이, 또는 소박한 자기네 전

통악기 하나만으로도 찬양과 예배를 뜨겁게 잘 드리고 있습니다.

초대교회나 서기 313년 콘스탄틴 대제의 밀라노 칙령 발령 전까지는 찬양이나 찬양대 없이 숨어서 숨을 죽이고 예배를 드려야 했을 테지만, 우리는 그들의 예배를 온 몸과 뜻과 정성을 다한 예배가 아니었다고 결코 말하지 않습니다(오히려 그 반대입니다. 교회는 자유로워지자 타락하기 시작했습니다). 숨어서 목숨 걸고 드리는 북한 형제들의 예배는 찬양도 드리지 못하고, 악기도 사용할 수 없으니 그들의 예배는 열등한 예배인가요? 그래서 하나님께서 쳐다보시지도 않는다는 말인가요? 오히려 그 반대가 아닐까요? 저들은 요란한 예배를 드리지 않아도 쉽게 넘어지지 않습니다.

요즘 많은 사람들이 하나님을 감각으로 경험하려 합니다. 물론 이러한 감각적인 체험의 요구는 예전에도 있었고 지금도 있습니다. 하지만 이것은 하나님을 향한 신앙의 정도(正道)는 아닐 것입니다. 감각 체험은 그 끝이 없습니다. 또 다른 더 센 감각의 자극이 있어야 합니다. 그리고 자꾸만 점점 더……

앞서 말한 것처럼 복음성가 중에는 하나님 본위가 아닌 나, 인간 본위의 찬양인 경우가 적지 않습니다. 내 감각이나 사람의 기분을 위한 것이라는 말입니다. 믿지 않는 이들의 표현처럼 '발버둥 치며 하는 찬양'도 좋겠지만, 분명하고 중요한 것은 찬양이나, 즉 인간 본위의 '노래'가 아닌 하나님 본위의 '찬양'이어야 한다는 점입니다.

나의 기분을 위한 노래 부르기는 일시적인 마취제일 뿐입니다. 마치 스트레스 처리나 일시적 카타르시스를 위한 것인 듯, 교회 문을 나서는 순간 그 마취에서 깨어납니다. 그리고 아무 일 없었던 것처럼 교회 밖의 생활을 합니다. 감사는 사라진 채, 다시 스트레스 속에 빠져듭니다. 말초신경을 자극하여 하나님의 관심이 아닌 세인들의 관심을 끌기 위해 시도하는 그러한 소리와 몸짓은 자극이 멈추면 그 즉시 감동도 사라지게 됩니다.

감동은 팝 가수의 콘서트에서도 맛볼 수 있습니다.

발버둥을 치며 부르건 조용히 부르건 시대 변천에 따라 찬양의 주변 환경은 변할 수 있습니다. 형식은 문제되지 않을지 모릅니다. 그러나 변하지 말아야 할 것이 있습니다. 주님의 우리를 향한 사랑과 그에 대해 경배와 찬양으로 나타나는 우리의 예배 말입니다. 혹 형식이 예배를 압도하고 있지는 않은지 돌이켜 볼 일입니다.

천주교나 불교는 그렇게 노래하지 않아도 신자 수가 큰 폭으로 증가하고 있다고 합니다. 그러나 그렇게도 사람들의 비위를 맞추려 '모든 수단'을 동원하는 기독교는 오히려 그 신자 수가 감소하고 있다는 점은 시사하는 바가 매우 큽니다. 그리고 천주교인의 증가는 교회가 '시끄럽고 깊이가 없어' 성당으로 옮겼다는 개신교인들이 다수를 차지하고 있다고 합니다.

교회 음악이 1960년대 록큰롤과의 대투쟁에서 타협하고 만 이 래, 대중음악에 그 자리를 내주고 이미 오래 전부터 첨단 악기를 동원하던 서구의 교회들은 왜 비어가고 있습니까? 한국에는 찬 양예배에 청년들이 수천 명씩 모인다는 교회들이 여럿 있는데, 매년 배출되는 그네들은 다 어디로 갔습니까?

나는 워쉽이나 악기파나 무악기파나 그 어느 것이 옳다 그르다 말할 수 있는 입장에 있지도 않고, 구분하지 않습니다. 왜냐하면 그것들은 본질과는 도무지 무관한 것들이기 때문입니다.

지금은 사람의 말에 귀를 기울이기보다 말씀으로 돌아가야 할 때라고 믿습니다. 사람의 생각으로 봉사에 열심이었던 마르다에 게 주셨던 예수님 말씀의 뜻을 헤아려 볼 일입니다.

무엇보다 중요한 것은 악기가 아니라 우리의 마음입니다.

사실 우리의 몸이야말로 하나님께서 주신 최고의 악기가 아니 겠습니까!

드럼이나 다른 악기에 대해서는 많은 전문가(물론 전문가라 고 해서 다 권위를 줄 수는 없을 것입니다. 최종적인 권위는 오 직 성경이어야 합니다.)들의 견해가 다 다르니까 각자의 신앙의 기준(성경적 근거가 있는)에 따라야 한다고 보아야 할 것입니다. 그리고 모든 것은 덕을 세우는 일에 합당해야 할 것입니다. 사도 바울이 고린도 교인들에게 고기를 먹어도 좋고 먹지 않아도 좋 다고 말하였듯이….

많은 사람이 모이기 때문에 어느 정도의 형식이 필요할지도 모릅니다. 하지만 지금은 그 도를 지나쳐 형식(박수를 쳐야, 통성기도를 해야, 일어서야, 악기가 풍성해야… 등등)이 예배를 억누르거나 깨뜨리는 경우를 많이 봅니다. 그것들에 취해, 그로 인한 문제들을 인지하는 못하는 상황이 심각하기만 합니다.

하나님께서는 이스라엘 백성들에게 제물을 풍성하게 드리는 것이나, 절기를 잘 지키는 것을 믿음이라고 하시지 않았습니다. 십일조를 아무리 드려도, 모든 예배마다 참석해도, 감사연보를 넘치게 드려도 그것이 하나님께서 원하시는 것은 아닙니다.

오히려 하나님께서는 이스라엘 백성들에게, 매우 두렵고도 충격적인 경고를 선지자들을 통해서 주셨습니다.

"나는 너희의 제물이 싫다."

"나는 너희 절기도 싫다."

추수감사절, 성탄절, 사순절, 그런 것들이 무슨 대수냐라는 말씀입니다.

또 슬픈 음성으로 말씀하셨습니다.

"내 앞에서 너희의 노래를 멈추어라! 너희가 연주하는 비파 소리도 듣지 않겠다."

찬양대의 장엄한 찬양에도 당신은 귀를 막고 고개를 흔드십니다. 최고의 연주자들에게 사례를 지불하면서까지 구성한 수준 높은 오케스트라의 연주에 손사래를 치시는 야훼 하나님이십니다.

예배도 싫다, 연보(돈?)도 싫다, 찬양도 싫다, 기도도 싫고 봉사도 싫다니, 주님 도대체 어쩌란 말입니까?

주님은 말씀하십니다.

"내가 원하는 것은 … 오직 정의를 강물처럼 흐르게 하고 의의 강이 마르지 않게 하라"(쉬운 성경, 아모스 5:24).

이처럼 주님이 원하시는 것은 우리와 다릅니다.

우리는 '이렇게 하면 주님 기뻐하시겠지.'라고 생각해서 열심히, 정말 '열씨미' 합니다. 그리고는 만족해 합니다. '정말 주님 기뻐하셨을 거야.'

그러나 아닙니다. 정말 아닙니다. 나만 기쁘고, 정작 하나님이나 이웃들은 그런 나를 보고 불쾌해 하거나 측은해 할지도 모릅니다.

능력의 근원은 우리에게 있는 것이 아니라 하나님의 긍휼과 은혜에 있습니다. 하나님에 대한 인격적 신뢰가 있을 때 하나님은 이 능력을 사용하시기를 기뻐합니다.

만일 기도가 영적 힘을 끌어내는 기계적인 법칙의 도구라면 구한 것 이상으로 받게 되는 일은 없을 것입니다(이를 '자판기 신앙'이라 합니다). 기도의 대상이 인격적인 하나님이기 때문에 우리는 좀 엉터리로 말하거나 명확한 표현을 못하거나 자기의 필요에 대해서 너무 적게 말해도 안심할 수 있습니다. 어린 자녀가 구하기 전에 부모는 무엇이 필요한지 알고 자녀들이 요구하는 이상으로 채워줍니다. 그럼에도 불구하고 하나님이 기도를 원하는 것은 우리와 교제하는 것을 기뻐하시기 때문입니다.

하나님은 인격이므로 인격적으로 관계하는 자에게만 역사하십니다. 즉 하나님께 순종된 인격에게만 역사하십니다. 하나님은 인격이시므로 예배갱신이나 성령의 역사, 성령의 은사를 외적인 형식으로, 기계적으로 조장하거나 창출할 수 없습니다.

성령은 인격이시므로 비인격적으로 대우해서는 안 됩니다. '할렐루야'를 반복함으로써 방언을 받을 수 있다고 주장하는 것은 성령을 비인격적으로 대우하는 것이며 주문을 외우는 것과 다를 바가 없습니다. 거의 모든 신비주의 종교에서 우리는 방언과 유사한 종교 현상을 발견할 수 있습니다. 불교에서도 방언 현상이 나타나고 있습니다. 사탄은 모방의 천재이며 유사 방언 정도는 얼마든지 줄 수 있습니다.

성령께서는 우리 안에 계십니다. 성령 충만은 위에서 어떤 힘이 내려와서 채워지는 것이 아니라 내주하시는 성령의 통치권이 확장되는 것입니다.

성령의 역사를 우리가 억지로 만들어내려고 하는 것도 성령의 주권을 무시하는 것입니다. 특히 교회에서 앞에 나서는 사역자들은 이런 유혹을 조심해야 합니다. 예배 분위기가 침체되었다고 느꼈을 때 분위기를 살리기 위해서 박수를 치게 하는 것은 인위적인 조장에 지나지 않습니다. 물론 기뻐서 박수를 치고 싶어서 치는 것은 앞서 말한 다윗이나 미리암처럼 자연스러운 감정의 발로이고 성경적이라 할 수 있습니다. 그러나 만일 박수를 쳐서 분위기가 살아난다면 그것은 인간적이고 감정적인 흥분이지 성령의 역사는 아닙니다. 성령은 박수를 치면 나타나는 음식점 종업원과 같은 분이 아닙니다. 박수를 쳐야 성령이 역사하는 것이 아니라, 성령께서 역사했기 때문에 우리가 박수를 치지 않을 수 없게 되는 것입니다. 인위적으로 박수를 쳐서 흥분하면 당장 그 때는 기분이 좋을지 모르지만 집에 갈 때쯤 해서는 허탈감을 느낍니다. 인간적으로 조장된 흥분은 금방 김이 빠집니다. 반면에 성령께서 역사하셔서 흥분시킨 것은 우리가 죄를 짓지 않는 한 계속 지속됩니다. 성령이 주시는 기쁨과 여운은 생활에 연결되어 오래 갑니다.

그러면 가장 높으신 주님께 예배드리기 위해서는 어떤 태도를 가져야 합니까?

예수님의 말씀처럼 "신령함과 진정함으로"(in spirit and in truth, 쉽게 다른 말로 하면 온 맘과 뜻을 다하여) 높여드리는 것입니다.

예배드리는 곳은 그곳이 어디이건 가장 높으신(가장 어른이신) 하나님이 계시며 하나님을 만나러 온 것이며, 하나님을 만나고 있는 것입니다. 교회는 즐기며 놀거나 교양 강좌를 듣기 위해 가는 곳이 아닙니다.

요즘의 교회음악 또는 이름도 그럴싸한 소위 축제식 예배는 오히려 신자들의 깊은 구원에로의 길을 방해하고 있는 지경입니다. 돌밭에 뿌려진 씨앗마냥 더 강렬한 자극이 없으면 넘어지고 맙니다. 그 뿌리가 깊지 못하기 때문입니다.

"만일 축제 예배가 전혀 교회에 나가지 않던 자들을 교회에 오도록 한다면 좋은 것이 아닙니까?"

사람들이 교회에 와서 눈을 감고 손을 흔들며 복음성가를 부름으로써, 감정적으로 흥분된 상태에서 예배를 드리게 되고 그것을 통하여 감정적 만족과 행복감을 느끼게 하려는 시도가 바로 축제식 예배입니다. 그러나 이러한 예배 방식은 사람들의 이성과 양심에 호소하는 성령의 음성을 소홀히 여기게 이끌어 갈 수 있습니다. 왜냐하면 일단 감정적 예배 방식을 받아들이게 되면, 그러한 교회들은 교인들의 죄의 문제와 회개에 대한 촉구를 하지 않는 경우들이 많기 때문입니다. 그들은 교인들의 감정적 만족과 행복감을 깨뜨리는 것들은 하지 않으려는 경향이 있습니다. 하나님은 인간의 이성과 양심을 통하여 역사하시지만, 사탄은 인간의 감정을 통하여 접근한다는 단순한 진리를 간과해서는 안 됩니다. 감정적 예배 방식을 선호하는 사람들이나 교회들, 또는 목사들은 '무엇이 진리인가?', 또는 '어떤 것이 하나님께서 원하시는 뜻인가?'라는 문제에 대해서는 큰 관심을 나타내지 않는 경우가 적지 않습니다. 그들에게 중요한 것은 '어떻게 해야 더 많은 사람들이 교회에 와서 감정적 만족과 행복감을 맛볼 수 있는가?' 하는 것인 듯 보입니다.

하나님께서 기뻐하시는 방법으로 예배를 드리는 교회나 기독교인들이 더 많으리라 믿지만, 본질을 흐리고 있는 교회나 기독교인들 또한 적지 않은 듯싶어 문제를 제기해 봅니다.

구약시대에는 성전에서 제사(예배)를 드리기 위해 제사장들은 매일 향로에 불을 피워야 했습니다. 그런데 아론의 두 아들, 나답과 아비후는 하나님께서 명령하시지 않은 다른 불을 담아 향로를 피웠다가 죽임을 당했습니다(레 10장). 어떻게든지 향로를 피우기만 하면 됩니까?

다윗이 처음 언약궤를 옮기려 할 때, 다윗은 하나님께서 정해 주신 방법을 무시했다가 애꿎은 웃사를 죽게 했습니다. 어떻게든 언약궤만 옮기면 되는 것입니까?

예수님 생전에 수많은 이들이 그를 따랐습니다. 하지만 본질이 아닌 떡(기사와 기적)을 보고 따랐던 그들은 예수님 사후 모두 떠나가고, 마가의 다락방에는 백여 명만이 모였습니다. 그들은 다 예배드리던 자들이었지만, 하나님께서 기뻐하시지 않는 방식의 예배를 드리거나, 더 이상의 자극이 없게 되자 넘어진 자들이라고 할 수 있습니다. 주님을 영과 진리로 만나지 아니하고, 육과 감정으로만 알았던 자들이었기 때문입니다.

화려한 예배 방식이 과연 하나님을 기쁘시게 해드리고 있는가, 혹 예배의 본질을 흐트러뜨리고 있지는 않은가 진지하게 살펴볼 일입니다.

샬롬

이 장면을 보면서 '샬롬'이라는 말이 떠올랐습니다.
결코 아름답다곤 할 수 없을 나비의 갈색이랑 흰색의 수더분함이 주변 녹색과 잘 어우러져 평안함을 느끼게 했기 때문입니다.

샬롬! 좋은 말이지요…….

건강비결

누가 나에게 건강 비결을 묻습니다!
별 일입니다!

남에게 그리 건강 남아로 보이지도 않을 텐데, 내게 그런 것이 있을 턱이 있나요?

씨앗 예화를 보며 이런 생각을 해 봅니다.

요즘엔 유전자 조작이 유행(?)입니다.

심지어 농작물을 마음 놓고 먹을 수 없는 지경에까지 이르렀다고 하지 않습니까?

농작물뿐만이 아닙니다. 가축까지도 문제가 되고 있어 온 세계가 온통 난리입니다. 그런데 유전자 조작이라는 것은 동물이나 식물 공히 그것들의 종자(즉 씨앗)를 개량 (또는 결국 개악)함을 일컫는 것입니다(심지어 조만간 인간조차도 만들어 낼 수 있게 될 것이라는 전망도 있습니다).

인간은 다른 동물과 달리 두 가지의 양식을 먹으며 살아갑니다.

하나는 육의 양식, 즉 음식물(동, 식물)이며, 다른 하나는 영의 양식입니다.

영의 양식은 사람에 따라, 신앙에 따라 그 답이 다를 것입니다. 그 중 육의 양식인 동, 식물의 씨앗 변경은 유전자 조작을 통하여 이루어집니다. 이는 '어떤' 과학자들에 의해 개발, 공급됩니다. 그런데 이 유전자 변형 양식은 인간의 건강을 크게 손상케 하거나 왜곡시킬 수 있습니다.

영의 양식인 하나님의 말씀 역시 '어떤' 사람들(어떤 신학자나 목회자, 또는 개인 등과 같이 특정시킬 수 없고, 너나 나나 아무나일 수 있습니다)에 의해 그 유전자가 조작, 변형되어 우리에게 공급되는 일이 적지 않습니다. 이 역시 우리네 영의 건강을 심각하게 훼손시킬 수 있습니다.

그렇다면 인간이 자신의 건강을 지킨다는 것은 인간에 의한 인위적인 변형이나 조작이 가해지지 아니한, 즉 본래 주어진 '그대로'의 양식들을 섭취, 또는 흡수하는 것이 필수적이라는 말이 될 것입니다.

여기 '그대로'라는 것은 욕심이 없다는 말과 크게 다르지 않습니다.

그런데 유전자 조작을 꾀하는 사람들은 여러 가지 변을 그럴듯하게 늘어놓지만, 실제 이유는 대략 크게 보아 다음의 두어 가지 정도일 것이라 믿습니다.

그들의 변이야 어떠하든지 간에…….

그 하나는 '기아에 허덕이는 많은 사람들을 위해서'라는 것이겠습니다. 다른 하나는, 미안한 일이지만, 두말할 것도 없이 '상업적인 목적'이라 해야 할 것입니다. 그리고 그러한 것들을 이루는, 또는 이루고자 하는 사람들의 그치지 않는 흥미와 호기심 또한 무시 할 수 없는 이유일 것입니다. 좋게 말해 성취동기라고나 할까요.

또 혹 누가 알겠습니까?

컴퓨터 바이러스를 연구(?), 개발, 유포하는 자들처럼 자신을, 또는 자신의 앎과 실력과 능력을 드러내 보이기 원하여 좀 더 희한한 것을 찾고자 하는 부류는 없는지요?

그런데 기아라고 하는 문제는 본래 인간 스스로 만든 산물일

터인데, 그를 위한다는 것이 도무지 앞뒤가 맞지 않는 것 같은 생각은 들지 않습니까?

더구나 상업성이 함께 가미될 수밖에 없는 것이라면 말입니다.

결국 그러한 모든 조작 행위를 모두 욕심으로 귀착시킬 수 있을지 모릅니다.

아무튼 우리는 육체적, 정신적 양쪽 모두의 건강을 심각하게 위협 받는 시대, 세상을 살고 있는 것만은 틀림없어 보입니다.

그런데 건강이 나빠지면 어찌해야 합니까?

육체적인 건강에 이상이 생겼을 경우에는 간단합니다. 약국이나 병원을 찾아 가면 됩니다.

그런데 정신적인 건강을 잃었을 때는 어찌 해야 합니까?

그에 대한 대답은 사람마다 각양각색일 것이어서 답이 쉽지 않을 것입니다.

그 진단과 처방이 하나님인 이들이 있습니다. 그분의 말씀이 처방이 됩니다. 그 말씀들은 유전자 조작이 없는 것이어야 함은 물론입니다. 우리는 유전자 변형이 없는 씨앗의 음식물과 말씀을 섭취함으로써 우리의 건강을 유지할 수 있는 것입니다. 이러다 내일쯤에는 그리스 신화에 나오는 반인반수(예컨대, 상체는 사람의 그것인데, 하체는 말인)와도 같은 씨앗 변형 돼지(예컨대 머리는 돼지인데, 그 하체는 코끼리만한)라도 나올지 어찌 알겠습니까?

그분의 말씀 조작 또한 이제까지도 수많은 사례들이 있어 왔습니다. 내일도 위의 돼지와도 같은 말씀으로 조작하려는 자가 나오지 않는다고 어찌 장담할 수 있겠습니까?

세상을 떠들썩하게 하는 광우병이나 구제역만 해도 그렇습니다. 그것도 인간이 자신들의 욕심을 채우기 위해 자연을 거슬림으로 해서 생긴 재난인 것입니다. 채식 동물인 소에게 동물성 사료를 먹였기 때문에…….

만약 육식 동물인 호랑이에게 풀만 계속 먹인다면 어찌 되겠습니까! 금방 죽진 않을는지 몰라도 광우병에 걸린 소와 마찬가지로 최소한 심각한 질병에라도 걸리지 않겠습니까!

씨앗들을 대할 때마다 그것이 유전자 조작이 가해진 씨앗인지 아닌지를 분별할 줄 아는 능력이 필요합니다. 혹 나 자신도 씨앗 유전자에 조작을 가하는 자가 되지 않도록 돌아볼 일입니다.

하나님 사랑, 부모 사랑

내의사와 관계없이 하나님은 언제나 우리를 사랑하고 계십니다. 우리 부모들도 우리를 사랑합니다.

이제 하나님께서는 "내가 너희를 사랑한 것 같이 너희도 나를 사랑하라" 하시고, 또한 "부모를 공경하라"고 명령하십니다.

서로 몹시 사랑하는 두 연인이 있었습니다.

청년에게는 홀어머니가 계셨습니다.

그런데 청년의 애인에게는 늘 그것이 마음에 걸렸습니다. 청년의 어머니가 그의 사랑을 빼앗아 간다고 믿었기 때문입니다.

어느 날 그 여인은 남자에게 물었습니다.

"당신은 어머니와 나 둘 중에 누구를 더 사랑하느냐?"

청년은 여인을 더 사랑한다고 대답했습니다.

그러자 여인은, "그렇다면 당신의 어머니를 죽여 나를 더 사랑한다는 것을 증명해 보일 수 있겠느냐?"는 엄청난 요구를 해 왔습니다.

물론 청년으로서는 도저히 들어줄 수 없는 요구였기 때문에 그는 그만 심각한 고민에 빠지고 말았습니다.

그러나 애인이 하도 졸라대는 바람에 청년은 견디다 못해 어느 날 자기 어머니를 살해하고 맙니다.

그리고 청년은 어머니의 심장을 꺼내 들고 자기 애인에게로 달려갔습니다.

그런데 자신이 저지른 일이 너무나도 두렵고, 반쯤 정신이 나갔던 청년은 앞에 있는 돌을 미처 보지 못하고, 그만 그 돌부리에 걸려 넘어지고 말았습니다. 넘어지면서 두 손에 안고 있던 어머니의 심장은 멀리 튕겨져 나갔습니다.

청년은 일어나 두리번거리며 어머니의 심장을 찾았습니다.

그 때 어디선가 미세한 음성이 들려왔습니다. 그것은 청년의 어머니의 목소리였습니다. 그 음성은 바로 저만큼 튕겨져 나가 있던 어머니의 심장에서 들려오는 소리였습니다.

이렇게 말하는 것이었습니다.

"아들아, 아들아, 어디 다친 데는 없느냐?"

"사랑하는 아들아! 다치지 않았느냐?"

이것이 어머니의 사랑입니다.

어머니의 사랑은 바로 이런 것입니다.

죄악 된 세상을 살아가는 우리를 살리시기 위해 예수님께서는 머리에는 가시관을 쓰시고 손과 발에는 못을 박히셨으며, 허리에는 창에 찔려 피와 물을 흘리셨습니다.

주님의 십자가가 있었기에 우리의 구원이 이루어졌습니다. 하나님 앞에 건짐, 구원을 받는 것은 내 공로가 아니라, 하나님의 전폭적인 은혜입니다.

가시관을 쓰시고, 손과 발에는 못이 박히고, 허리는 창에 찔려 피를 흘리시는 가운데도 그 분께서는 우리 걱정만 하셨습니다.

사랑에는 여러 가지가 있습니다.

우리말로는 그저 사랑이라는 한 단어로 모든 사랑을 다 말해버 리지만, 희랍 사람들은 사랑의 종류를 잘 나누어 사용했습니다.

'아가페, 필리아, 스톨게, 에로스'가 그것입니다.

어머니의 위와 같은 사랑은 하나님께서 하시는 무조건인 아가 페적 사랑과 가장 근접합니다.

위의 예화는 우리를 향한 예수님의 사랑을 설명하고자 지어진 예화라고 믿습니다.

하나님께서는 인간들로 순종을 알게 하기 위하여 부모를 만드 셨다고 합니다. 부모에게 순종하지 못하는 자가 하나님께 순종 할 수는 없을 것입니다.

마틴 루터는 부모를 '하나님의 대리인'으로 보았습니다.

그리고 성경이 부모를 말할 때는 육신의 부모만이 아닌 영적인 스승까지를 포함하고 있습니다.

보이는 부모, 형제, 스승을 사랑하지 못하는 사람이 어찌 하나 님을 사랑할 수 있겠습니까?

어느 목사님은 인간이 하나님으로부터 받을 수 있는 '대우'의

등급을 넷으로 나누었습니다.

'초등 대우', '중등 대우', '고등 대우', 그리고 '최고 대우', 이렇게 말입니다. 재미있는 분류여서 관심을 가지고 경청했던 기억이 있습니다.

제 나름대로 저의 언어로 다시 정리해 보았습니다.

'초등 대우'는 예레미야 12:1("그러나 내가 주께 질문하옵나니 악한 자의 길이 형통하며 반역한 자가 다 평안함은 무슨 까닭이니이까")이나 하박국 1:13("어찌하여 거짓된 자들을 방관하시며 악인이 자기보다 의로운 사람을 삼키는데도 잠잠하시나이까")에서처럼 하나님을 모른다 하는 행악자들이나 거짓된 자들이 저렇게 더 잘 먹고 더 잘 사는데 할 때의, 행악자들이나 거짓된 자에게 해당됩니다.

불만을 토로하는 자가 그 불만을 계속한다면 그에게도 해당될 수 있습니다. 하나님께서는 그들에게 초등대우를 하십니다. 행악자들의 잘됨은 하나님께서 그들에게 무관심하시기 때문이지요.

그런데 하나님께서 그들에게 무관심하신 이유는 간단합니다. 그들은 당신의 자녀가 아니기 때문입니다.

행악자들의 잘됨은 한편 잘되는 것처럼 보일지 모르나, 그것은 죽음을 의미합니다. 죽은 자는 죽은 자들로 장사하게 하라는 예수님의 말씀에서 그 죽은 자들과 같은 것입니다. 그들은 죽음을 향해 가는 자들입니다. 그러나 그들은 자녀가 아니기 때문에 하나님께서 내버려 두시는 것입니다. 행악자들의 잘됨을 불평하는 나 자신이나 그 행악자들은 하나님으로부터 초등 대우를 받는 사람일 것입니다. 하나님의 사랑을 거부하는 자들이기 때문입니다.

하나님의 대리자인 부모를 거역하고, 그분들의 말씀을 못마땅해 하며, 순종하지 않는 것은 하나님으로부터 스스로 초등 대우밖에 기대하지 않는 사람일 수밖에 없다고 보아야 할 것입니다. 왜냐하면 그것은 행악이기 때문입니다.

히브리서 12장 7, 8절은 이렇게 말씀합니다.

"너희가 참음은 징계를 받기 위함이라. 하나님이 너희를 아들과 같이 대우하시나니, 어찌 아버지가 징계하지 않는 아들이 있으리오. 징계는 다 받는 것이거늘, 너희에게 없으면 사생자요 친아들이 아니니라"

이스라엘 백성들이 하나님의 말씀을 거역하고 딴 길로 나아갈 때 하나님께서 그들을 벌하셨던 것처럼, 믿는다고 하는 내가 불신앙의 길로 나아갈 때 하나님께서 사랑의 매로 나를 벌하시는 것을 말합니다.

내 자식도 아닌 남의 자녀를 나무라지 않듯이, 하나님으로부터 이렇게 징벌을 받는다는 것은 그분께서 나를 자녀로 삼으시고 사랑하신다는 반증이 되는 것입니다.

그렇지만 아무리 부자지간이라 할지라도, 하고한 날 매만 맞는 아들이라면, 위의 행악자보다는 낫겠지만, 이는 '중등 대우'라고 밖에 말할 수 없을 것입니다.

누가복음 5장에서 베드로 일행은 밤이 새도록 열심히 그물을 던져 보았으나, 별 수확이 없었습니다. 이제 그물을 씻고 말려야 할 때입니다.
그런데 그 현장에 예수님께서 나타나셨습니다.
그리고 베드로에게 이르십니다.

"깊은 데로 가서 그물을 내려 고기를 잡으라"(4절).

이 말을 들은 베드로는 내심 불쾌했을지도 모릅니다. 고기 잡는 일이라면 갈릴리 호수에서 조상 대대로 고기를 잡아 온 자기가 더 전문가일 텐데, 도대체 고기 잡는 일에는 문외한이라 해야 할 목수가 자기더러 이래라 저래라 하는 것에 배알이 뒤틀렸을 수도 있었을 것입니다.
하지만 베드로는 말씀에 의지하여 순종하는 마음으로 그물을 던지지 않았습니까?
그 결과는 우리가 잘 알고 있는 바와 같습니다.
베드로가 그러한즉 어찌나 고기가 많이 잡혔는지, 그 엄청난 무게로 그물이 찢어질 정도여서, 그물을 들어 올리는 데 여러 사람이 거들어야만 했습니다.

"말도 안 되는 소리 마시오."라고 거역했으면 아무 소득이 없었을 것입니다. 베드로의 순종이 이런 선한 결과를 가져다 준 것입니다. 순종했던 베드로에게 주님께서는 '고등 대우'를 하신 것입니다.

그러면 언제라도 우리는 주님께서 이래라 저래라 하고 이르시기만을 기다려야 합니까?

아닐 것입니다.

주님께서 "그물을 저기 던지거라" 하고 이르시기 전에 내가 먼저 "주님, 이번에는 어디다 그물을 던질까요?"라고 묻는 자가 되어야 합니다.

"예, 주님! 무엇을 원하십니까?"

"주님! 제가 이제 무엇을 하면 좋겠습니까?"

이런 질문을 할 수 있는 자는 주님께서 매우 기뻐하심으로 '최고 대우'를 받는 자가 될 수 있을 것입니다.

주님께서는 미리 다 아시고 그물 던질 위치를 알려 주실 것입니다.

이와 관련하여 모세와 욥은 하나님으로부터 '최고 대우'를 받는 요령을 터득하여 아는 사람들이었습니다.

그러면 주님으로부터 '최고 대우'를 받느냐, '하등 대우'를 받느냐 하는 것은 내 선택의 결과입니다. 그분께서는 늘 사랑을 주시기 원하나 내가 받을 채비가 되어 있지 않으면 받을 수 없는 것입니다.

약속 있는 첫 계명으로 "부모를 공경하라"는 주님의 명령을 받들지 못하는 사람은 '고등 대우'를 받을 수 없는 사람입니다. 부모에게 순종하지 못하고 대결을 일삼는 자라면, 위 시편 73편의 기자나 그 행악자처럼 '초등 대우' 밖에는 기대할 수 없는 사람입니다.

민수기에 보면, 하나님께서 모세에게 육신의 아버지를 예로 들어 설명하시는 장면이 나옵니다. 아론과 미리암이 모세를 비방하고 거역했다가, 미리암이 하나님으로부터 심한 피부병(나병)으로 큰 벌을 받게 되었을 때, 모세는 하나님께 이렇게 부르짖습니다.

"하나님이여, 원하건대 그를 고쳐 주옵소서!"(민 12:13).

이에 하나님께서 하신 말씀입니다.

"그의 아버지가 그의 얼굴에 침을 뱉었을지라도 그가 이레 동안 부끄러워하지 않겠느냐? 그런즉 그를 진영 밖에 이레 동안 가두고 그 후에 들어오게 할지니라!"(14절).

마태복음에도 산상수훈을 보면 예수님께서 아버지를 예로 드는 강화가 나옵니다.

"너희가 악한 자라도 좋은 것으로 자식에게 줄 줄 알거든 하물며 하늘에 계신 너희 아버지께서 구하는 자에게 좋은 것으로 주시지 않겠느냐?"(마 7:11).

저는 이 말씀들을 보고 마틴 루터가 얘기한 '부모는 하나님의 대리인'이라는 말이 훨씬 가깝게 다가왔습니다. 물론 하나님과 부모를 동일시하는 과오나 불충을 저지르고자 하는 것은 아닙니다. 다만 하나님과 부모의 깊은 뜻을 우리로서는 알 수 없다는 말을 하고 싶은 것입니다.

그러기에 사도 바울은 이렇게 고백했던 것입니다.

"깊도다 하나님의 지혜와 지식의 풍성함이여! 그의 판단은 헤아리지 못할 것이며, 그의 길은 찾지 못할 것이로다!"(롬 11:33).

깊고 넓은 사랑을 내 잣대로 재고, 불평과 불만을 말할 때 그분들과 우리와의 관계는 무너질 수밖에 없다는 것을 말하고자 하는 것입니다.

나의 교만과 불평불만은 나와 상대의 관계를 무너뜨립니다. 그런데 더욱 문제가 되는 것은 나와 나의 상대의 관계만 무너뜨리는 것이 아니라, 내 주변의 관계까지도 망가뜨리고 만다는 것입니다.

자신은 모를까요?

민수기 11장에 보면, 이스라엘 백성들이 하나님의 신실하심과

가없는 사랑을 깨닫지 못하고 고기 타령을 하며 불평하다가 하나님으로부터 벌을 받는 장면이 나옵니다. 이스라엘 백성들의 교만과 불만이 당장 지도자인 모세와 그들과의 관계를 불편하게 하였고, 궁극적으로 하나님과 그들과의 관계를 파괴하게 되었습니다.

위에 얘기한 애인의 교만과 불만이 자신과 애인의 어머니와의 관계를 시작으로, 청년과 그 어머니와의 관계, 그리고 자신과 애인과의 관계 모두를 파괴하고 말았습니다.

여기서 그 여인을 악이라고 정의할 수 있을 것입니다.

우리 모두는 하나님으로부터 최고등 대우를 받을 수 있도록 그분의 선하시고, 기뻐하시고, 온전하신 뜻이 무엇인지를 살피고 나를 바로 잡아야 합니다.

그리 할 때 누가 우리들을 향한 하나님의 사랑을 끊을 수 있겠습니까?

"우리 주 그리스도 예수 안에 있는 하나님의 사랑에서!"(롬 8:39).

내가 끊지 않는 한, 결코 끊어지지 않습니다!

요셉과 디나

요셉은 교회에 다니는 사람이라면 누구나 다 아는 인물일 테지만, 디나에 관해서는 모르는 이가 혹 있을 것입니다.

디나는 다름 아니라, 요셉의 누이입니다.

요셉의 누이가 여러 명이었는지 모르지만, 성경은 요셉의 누이로 디나 한 사람만을 언급하고 있습니다.

성경은 하나님의 구속 플랜과 관련이 있는 여인들 외에는 여인들을 언급하지 않습니다. 즉 그 플랜과 관련되는 무슨 사연이 있는 경우에만 그 사연과 함께 언급되는 것입니다.

그런데 우리는 두 사람이 서로 남매이면서도 둘 사이에 퍽 다른 점이 있음을 보게 됩니다.

디나의 사연은 이렇습니다.

디나는 야곱이 아직 하란의 장인 라반 집에 살고 있을 때, 첫째 부인 레아로부터 낳은 딸입니다.

야곱은 형 에서를 피해 하란에 온지 20년쯤 지난 어느 날, 아버지 이삭이 있는 곳으로 이제 귀향하라는 하나님의 음성을 듣게 됩니다. 그는 일가를 거느리고 귀향을 하게 되는데, 라반의 집에 있었던 20년 동안 하나님께서 주신 많은 복과 형 에서와의 해묵은 갈등을 해소해 주신 하나님과의 약속을 잊고 자신이 벧엘에서 하나님께 드렸던 서원을 지키지 않은 채, 세겜 땅에 정착함으로 해서 사건이 하나 발생하게 됩니다.

디나가 어머니 레아와 함께 세겜 땅 여인을 보러 갔다가, 디나가 세겜 왕자로부터 강간을 당하게 되는 사건이 바로 그것입니다. 이로 인해 오빠들의 피의 보복을 불러일으키게 되었고, 오라비 시므온과 레위가 주동이 되어 세겜 남자들을 모조리 몰살시키는 엄청난 대량학살이 일어나게 됩니다.

여기서 그치지 않습니다. 시므온과 레위는 후에 결국 아버지 야곱의 축복 대상에서 제외되고 맙니다.

소위 악순환입니다. 길고도 긴…….

한 번의 잘못, 또는 실수가 엄청난 악순환을 유발한 것입니다. 야곱은 벧엘로 곧장 올라가 자신이 드린 서원을 지켜야 했습니다(결국 야곱은 디나 강간 사건 이후에 자신의 서원을 지키기 위해 벧엘로 올라가게 됩니다).

레아와 디나는 세겜 여자들을 보러 가지 말았어야 했던 것입니다.

그러면 두 모녀는 대체 왜 세겜 여자들을 보러 갔을까요?

자기들이 아는 하나님을 전도하러 갔습니까?

아닐 것입니다. 성경에는 두 모녀가 하나님을 경외하는 자들이었다는 단서를 보여주지 않고 있습니다.

그들의 얼굴을 보러 갔습니까?

하란에서 목축이나 하던 시골 처자들이 도시 여자들을 보러 간 것 아니겠습니까?

안목의 정욕으로 인한 호기심으로!

세겜 여자들은 어떤 옷을 입을까?

팔찌는 어떤 것을 끼고 있을까?

화장은?

헤어스타일은?

무슨 노래가 유행일까?

이런 이유일 것이 뻔하지 않겠습니까?

아브라함과 헤어진 롯이 소돔과 고모라가 궁금해, 그 유혹을 이기지 못해 그곳을 향해 점점 나아갔듯이…….

반면 요셉은 어떠했습니까?

아버지 야곱의 형들에 대한 차별 대우와 요셉 자신의 꿈 이야기로 인하여, 요셉은 형들로부터 시기와 미움을 산 끝에 저들의 손에 의해 이집트로 팔려가게 됩니다. 거기서 그는 바로 왕의 친위대장인 보디발의 집에서 종살이를 합니다.

그런데 보디발의 아내는 날마다 요셉에게 동침할 것을 요구했다고 합니다. 그러나 성경은 요셉이 그 여인과 동침하지 아니 하였음은 물론, "함께 있지도 아니하였다"고 전하고 있습니다. 아예 함께 있기조차도 거부한 것입니다.

그는 결국 그 여인의 모함에 빠져 감옥살이를 하게 됩니다.

하지만 그 뒤 요셉의 인생은 하나님께서 함께 하시는 가운데, 하나님의 계획에 따라 착착 장밋빛 인생이 펼쳐지게 되었음을 우리는 알고 있습니다.

이집트 바로 왕의 눈에 들어 이집트의 2인자인 총리로까지 발탁이 됩니다. 그리고 이는 결국 아버지 이스라엘과 그의 온 가족을 기아로부터 구원하는 계기가 됩니다.

우리는 요셉의 삶에서 이처럼 하나님 아버지께서 기뻐하시는 선한 결정과 그에 따른 선순환(선순환이라는 말이 있는지 모르지만)을 보게 됩니다.

디나는 자기가 원해 자기 발로 유혹을 찾아간 사람이고, 요셉은 끈질긴 유혹을 의지로 물리친 사람입니다. 그리고 그 결과는 각각 위와 같이 엄청난 차이가 나고 말았던 것입니다.

우리는 누구나 시시각각 죄로부터 유혹을 받으며 살고 있습니다.

이렇게 유혹을 받을 때 그것을 이기는 것도 큰 신앙이지만, 아예 처음부터 유혹의 장소나 대상과 가까이 하지 않는 것이 더 큰 신앙의 지혜일 것입니다.

내 입에도 재갈을 물려야 하는데…

방죽 곁을 지나던 어떤 이가 별 생각 없이 방죽에 돌멩이를 던집니다.

그 돌멩이에 한 개구리가 맞습니다.

"아야!"

그 개구리는 많이 아픕니다.

연인 둘이 찻집에서 만나 다정하게 얘기를 나누고 있었습니다.

남자가 탁자 위에 놓여있는 이쑤시개를 '툭' 하고 분지르며 "사랑은 이 이쑤시개와도 같은 것"이라고 말했답니다. 그런데 애인의 얘기를 듣고 있던 여자가 그 얘기를 듣는 순간 버럭 화를 내며 자리를 박차고 나가버렸습니다. 그것이 그들의 마지막 만남이 되고 말았다고 합니다.

몇 년 뒤 남자는 우연히 그 옛 애인을 만났습니다. 여자에게 물었습니다. 그 때 왜 그리 화를 내며 나가야 했느냐고……

우리의 사랑을 한 번 사용하고 버려지고 마는 그 따위 일회용 이쑤시개에 비유하는 사람과는 더 이상 교제를 할 수 없었기 때문이었다는 것이 그녀의 답이었습니다.

남자는 매우 놀랐습니다. 그 때 그 찻집에서 자신이 했던 그 말이 뜻하는 바는 그것과는 사뭇 다른 것이었기 때문입니다. 이 쑤시개는 자신은 돌아보지 아니한 채, 오로지 남의 더러운 찌꺼기만을 청소해주기 위해 존재하는 것이어서, 자신들의 사랑도 '서로를 위해 서로 희생하는 가운데 상대방을 위하여 헌신하는 것'이라는 뜻으로 무심코 얘기했던 것이었거든요.

무심코 던진 한 마디가 그처럼 엄청난 결과를 초래했던 것입니다.

우리도 이처럼 매일 별 생각도 없이 이리 저리 돌멩이들을 던지며 삽니다(물론 의식적으로 특정인의 특정 부위를 겨냥하여 던지는 사람도 없지 않습니다만). 그렇게 이웃에게 상처를 주며 삽니다. 물론 나도 남이 던진 돌을 피할 수 없습니다.

물질문명의 발달과 이로 인한 소득수준의 향상이 인간의 삶을 보다 더 윤택하게 하거나 마음의 여유를 갖게 하는 것만은 아닌 듯합니다. 어쩌면 더욱 황폐하게 하는 요인은 아닐까 하는 단서들도 있습니다. 문명의 이기로 말미암은 시간의 여유가 돌멩이를 던지는데도 여유시간을 제공한 것이나 아닌지 하는 생각도 듭니다.

그리하여 더불어 사는 것이 마치 데모대와 전경들의 투석전처럼 되지나 않았는지요?

상처를 주어서 상처를 입고, 상처를 입어서 상처를 주고 삽니다.

방죽가의 그 사람은 개구리가 자기로 말미암아 엄청난 아픔을 겪어야 했다는 사실을 모를 것입니다.

혀를 제어하기가 그렇게도 어렵습니다. 내 것임에도 말입니다.

야고보(James) 사도는 그 고통을 누구보다 잘 알았었나 봅니다.

"누구든지 스스로 경건하다 생각하며 자기 혀를 재갈 물리지 아니하고 자기 마음을 속이면 이 사람의 경건은 헛것이라"(약 1:26).

또 사람이 말을 길들이려고 말의 입에 재갈을 물려 그 말의 온 몸을 억제케 하고, 또 뱃사공이 크고 광풍에 밀려가는 배들을 지극히 작은 키 하나로 자신의 뜻대로 운행을 하듯, 우리도 이처럼 우리의 혀에 재갈을 물려야 한다고도 강조합니다.

혀는 우리 몸의 작은 지체로되 큰 것을 자랑합니다. 작은 불이 숲을 태웁니다. 그는 또 다음과 같이 한탄하며 우리를 일깨우고 있습니다.

"인간은 온갖 짐승과 새와 땅에 기어 다니는 것들과 어류들을 지배해 왔고 또 지배할 수 있습니다. 그러나 자기 혀만은 마음대로 길들이지 못합니다. 혀는 언제나 죽음의 독을 뿜어내려고 도사리고 있습니다. … 그래서 축복과 저주가 같은 입에서 나오는 것입니다!"(약 3:7-11).

어찌 해야 합니까?
이웃의 개구리에게 더 이상 상처를 주지 않아야 하는데…….
야고보는 "한 샘에서 단물이 나왔다가 쓴 물이 나왔다가 할 수 있습니까?"라고 반문하고 있습니다. 당연히 단 물을 내는 샘은 쓴 물을 낼 수 없고, 쓴 물을 내는 샘은 단 물을 결코 낼 수 없을 것입니다.

재갈을 물려야 합니다.
성령이라는 재갈을!

어울림

옆집 마당의 잔디 사이에 피어 있는 아주 작은 꽃입니다. 보잘 것 없는 것일지라도 이처럼 서로 한마음으로 모여 있으면 아름다울 수 있다는 것을 새삼 깨달았습니다.

사람도 한마음 한 뜻으로 함께 할 때 가장 아름다운 모습을 연출할 수 있을 것입니다.

그러기에 사도 바울은 고린도 교인들에게 이렇게 권면하고 있습니다.

"너희 가운데 분쟁이 없이 같은 마음과 같은 뜻으로 온전히 합하라"(고전 1:10).

전체(全體)와 나

− Ⅰ −

하나님께서는 알파와 오메가시요, 처음이자 나중이시며, 어제나 오늘이나 영원토록 동일하신 분이십니다.

말씀(Logos)이신 하나님께서는 그 말씀으로 삼라만상, 즉 세상에 있는 온갖 것들을 다 지으셨습니다.

성경은 이렇게 말합니다.

"창세로부터 그의 보이지 아니하는 것들, 곧 그의 영원하신 능력과 신성이 그가 만드신 만물에 분명히 보여 알려졌나니"(롬 1:20).

그는 "그가 만드신 만물에 보인다"는 것입니다. 그가 만드신 모든 것들 위에!

즉, 어디에나 계신다는 말입니다.

만물이 그분이십니다.

그러니 그분은 전체입니다.

하나님께서는 태초에 천지만물을 지으신 후, 보시고는 "좋아" 하셨습니다.

다시 말하면, 모든 것들을 "좋게" 지으신 것입니다.

그런데 하나님께서는 당신의 수많은 창작품들 중에서도 인간의 창조에 가장 심혈을 기울이셨습니다. 왜냐하면 인간을 당신 형상 그대로 지으셨으니까요. 따라서 우리 인간은 그분 최선의 작품일 것이며, 지으신 후에 보시곤 다른 어느 피조물보다 "더 좋아" 하셨을 것입니다. "심히 좋아"하셨다고 기록되어 있는 것을 보면 그렇습니다.

그분들처럼(하나님, 예수, 성령) 재미있게 살라고 지으신 것입니다. 당신 자신의 이름을 위하여 잘 지으실 수밖에 없었습니다.

그리하여 인간은 전체인 그분의 한 부분이 되었습니다.

그렇다면 전부 가운데 한 개체인 부분, 우리 인간은 전체인 그분을 기쁘시게 할 필요가 있습니다. 아니 반드시 그래야만 합니다. 그게 곧 나 자신을 위한 것이 되며, 그게 곧 그분께 영광 드리는 것이 됩니다.

그렇다면 우리 인간이 해야 할 일은 이제 매우 분명해집니다.

내가 속한 전체인 그분을 인정하고, 원래 선하신 그분의 창조 목적대로 '좋게' 살아야 하는 것이 그것입니다.

우리가 무엇을 만들고자 할 때도 그렇지 아니합니까?

즉 '좋게' 만들려고 애를 쓰지 않습니까?

그렇지 않으면 내 이름을 망가뜨리게 되니까요.

그분은 삼라만상을 모두 포함하며 품고 계시는 전체이십니다.

그리고 나는 그 안에 존재하는 만물 중, 즉 수많은 개체들 중의 하나입니다.

개체들의 합이 전체입니다.

개체는 전체를 떠나서 존재할 수 없고, 설혹 가능하다 할지라도 존재 의미를 상실합니다.

나는 그 전체의 조화를 위해 살 때 존재 의미가 있는 것이며, 아름다울 수 있는 것입니다.

어떤 조직에 속해 있는 이가 그 조직의 강령에 위배되는 행위와 사고(思考)를 한다면 그 소속원으로서의 의미를 상실하는 것과 같습니다.

그리고 그 조직 전체를 해치는 것이며, 심지어 그 조직을 파괴할 수도 있습니다.

물론 그가 소속을 바꿀 수는 있을 것입니다.

인간사회에서는 그럴 수 있습니다. 다른 조직들이 많이 있을 테니까요.

그러나 이 말 자체가 그러한 조직들은 전체일 수 없다는 말이며, 어디까지나 더 큰 전체의 일부분일 수밖에는 없다는 말입니다.

하지만 하나님이 이루시는 전체는 그 전체 외에 다른 전체가 존재할 수 없기 때문에, 내 임의로 '아니요', 혹은 '싫소' 하며 다른 데로 옮겨갈 수도 소속을 바꿀 수도 없음은 분명합니다.

줄 맞춰 잘 정돈되어 있는 대열에서 어느 한 개체가 툭 튀어나와 있다면, 그는 대열을 무너뜨리는 셈이 되고, 그것은 전체를 추하게 만듭니다.

그리할 때 그 튀어나온 개체는 그 전체 대열에서 존재 의미를 상실하는 것입니다.

그러니 전체를 떠난 개체는 헛것이고, 죽은 것과 다르지 않습니다. 내가 하나님을 생각할 때 마음이 편안해지고 기쁜 것은 바로 그 때문입니다. 그러기에 기독교를 기쁨의 종교라 하는 것입니다.

'탕자의 비유'에 나오는 그 아들처럼 아버지의 품과 가족의 울타리를 벗어나 돼지우리에서 돼지들이나 먹는 쥐엄열매 따위를 먹고 살아야 한다면, 무슨 존재 의미가 있을 수 있겠습니까?

그러나 그가 제 정신이 들어 아버지의 품을 생각할 때, 생각만 해도 희망이 솟아났으며, 결국 깨닫고 돌아와 편안하고 기쁜 삶을 보장받지 않았습니까?

그런데 많은 사람들이 하나님을 생각하려고도 하지 않고 무시한 채 살고 있으니 참으로 알 수 없는 일입니다. 살면서 때로 마치 내가 절해고도에 갇혀 있는 것과도 같은 외로움을 느끼지 않는단 말입니까?

우리는 떠들썩한 군중 속에 섞여 있으면서도 자주 고독을 느낍니다. 하물며 내가 누구인가를 생각해 본 사람이라면, 그리고는 자신의 존재에 대한 정체성을 확인하지 못한 사람이라면 더더욱 그 외로움은 클 수밖에 없는 것입니다.

나는 누구인가?

어디로부터 왔을까?

어디로 가고 있는 중일까?

어디로 가야만 하나?

나의 주인은 누구일까?

우주의 끝은 어디일까?

끝은 있을까?

실존주의 철학자들에 의하면 '외로움'이라고 하는 상황은 내 힘으로는 도저히 해결할 방법이 없는 한계상황(boundary situation) 중의 하나라 하지 않습니까?

하나님은 물론 생각의 능력이 있는 인간에게만 나타납니다. 그리고 그 중에서도 하나님을 생각하는 사람에게만 나타납니다. 모든 사람에게 다 나타나는 것이 아니라….

짐승들은 생각할 수 없기 때문에 하나님이 짐승에게 나타나는 일은 없습니다. 그렇다고 이 말이 그들 스스로는 알 수 없다는 말일 뿐, 동물이나 식물에게는 그분의 손길이 미치지 않는다는 것은 의미하는 것은 아닙니다. 그런데 사람들이 하나님을 생각하지 못하는 것은 저마다 삶에 다른 목적을 세워놓고 그에 매달리기 때문입니다.

하나님의 나를 향한 뜻이 나의 삶의 목적이어야 하는데…….

그럼에도 많은 사람들이 짐승과도 같이 살아갑니다. 오로지 욕망과 본능과 물질을 좇아 생각 없이 살아가는 것입니다.

인간을 제외한 하늘이나 땅, 혹은 다른 개체들은 전체인 하나님을 떠나거나, 버리거나, 무시하지 않습니다. 주어진 그대로 순종하며 각기 제 자리를 지킵니다. 하나님을 떠나 스스로를 높이면서 전체를 훼손하고, 하나님을 모르는 체 하는 것은 인간뿐이지 않습니까?

그래서 하나님께서는 이사야 선지자를 통하여 이렇게 탄식하셨습니다.

"내가 자식을 양육하였거늘 그들이 나를 거역하였도다 소는 그 임자를 알고 나귀는 그 주인의 구유를 알건마는 이스라엘은 알지 못하고 나의 백성은 깨닫지 못하는도다!"(사 1:2-3).

그리고 그 탄식은 지금도 그때와 다름없이 유효한 듯합니다.

– II –

사람이 부모를 부인한다면, 이는 자기 존재를 부인하는 꼴이 됩니다.

부모의 존재에 대해서 있느니 없느니 말할 수 없습니다. 부모의 존재에 대해서 있느니 없느니 말한다는 것은 자기존재를 부인하는 것과 매일반이기 때문입니다.

사람은 전체 우주에 존재하는 만물 중의 하나입니다. 그 각각의 만물들과 다름없이 먼지와도 같은 작은 한 부분에 지나지 않습니다. 부분이 전체를 있다거나 없다거나, 또는 옳으니 그르니 말할 수는 없는 노릇이지 않습니까?

전체는 부분의 뿌리이기 때문입니다. 잎사귀가 뿌리가 있으니 없으니 혹은 좋으니 나쁘니 하고 왈가왈부할 수는 없는 것입니다.

그러므로 부분으로서는 전체를 아는 것이 자신을 아는 길이 됩니다.

코끼리의 다리만 알고서는 코끼리를 알았다 할 수 없지 않겠습니까?

오래 전 프랑스 작가 '베르나르 베르베르'의 《개미》라는 책을 재미있게 보았습니다. 개미들은 인간을 '손가락'이라고 부르는데, 나는 그것이 참 재치 있는 착상이라고 생각했던 기억이 납니다. 그리고 개미들은 그렇게 인간의 손가락만 겨우 알고 있는 채로 인간 전체에 대한 보복에 나섭니다.

얼마나 우스운가요?

물론 무참히 패하고 말지만…….

예수께서는 말씀하셨습니다.

"그들을 주신 내 아버지는 만물보다 크시매(greater than all) 아무도 아버지 손에서 빼앗을 수 없느니라"(요 10:29).

만물은 '우주상에 존재하는 모든 것(all things in the universe, 또는 the whole of creation)'을 일컬음입니다. 하나님은 당연히 그 만물보다 크시니, 즉 '우주상에 존재하는 모든 것'보다도 더 크시니, 그 누구도 그분의 손에서 벗어날 수 있을 리 만무합니다. 벗어나려고 안간힘을 써 본들, 아직도 그저 거기 그 안에 있을 뿐입니다.

하나님께서는 예레미야 선지자를 통하여 나에게 이렇게 말씀하고 계십니다.

"사람이 내게 보이지 아니하려고 누가 자신을 은밀한 곳에 숨길 수 있겠느냐? 여호와가 말하노라 나는 천지에 충만하지 아니하냐?"(렘 23:24).

하나님은 인간에게 자유의지를 허락하셨습니다. 이로 인하여 사람들은 마치 모든 것을 제 마음대로 할 수 있는 것처럼 착각하며 삽니다. 그리하여 각자, 혹은 여럿이서 함께 열심히 바벨탑들을 쌓습니다.

만물보다 크신 하나님으로부터 벗어나 보겠다고……

아니 더 위에 서 보겠다고, 능가해 보겠다고……

이제까지 많은 인간들이 이런 저런 모양으로 쌓기를 시도했던 바벨탑들이 그 어느 하나 성공하지 못하고 다 무너져 내렸다는 사실을 잘 알고 있을 것입니다.

하지만 그럼에도 불구하고 조금도 개의치 않습니다.

그리고 오늘도 인간은 각자의 바벨탑 쌓기에 열중하고 있습니다.

현명한 것인가?

우매한 것인가?

하지만 조금만 생각해 보면, 조금이라도 생각하며 사는 자라면, 그 자유의지의 범위가 얼마나 협소한가 하는 것을 금방 알아차릴 수 있지 않겠습니까?

기껏 내 의지 안에서만 자유 할 수 있는 것입니다. 심지어 그마저도 매우 제한적입니다. 내 밖의 것들은 더구나 내 맘대로 할 수 없습니다. 되지 않습니다.

심지어 내 것이라 생각하는 내 몸뚱이 하나조차도 내 의지로 제어할 수 없는데….

그리고 우리의 혀는 또 어떤가요?

결국 다시 우리는 그분에게로 돌아가야 한다는 말입니다. 위의 예수님의 말씀처럼 아버지의 손에서 벗어날 수가 없습니다. 아니 벗어나서는 아니 됩니다.

그러나 무엇보다도 벗어날 필요를 찾을 길이 없습니다. 그러므로 인간은 처음이자 끝이셔서, 그저 언제라도 전체이신 그분의 선하시고 기뻐하시고 온전하신 그분의 뜻에 따라 살아야 합니다(롬 12:1).

전체를 어떻게 해 나갈 것인가 하는 것에 대한 계획은 하나님께서 갖고 계십니다. 나는 내가 할 수 있는 것만, 내 의지 안에서 허용된 것만 하면 됩니다. 그리고는 그분의 뜻을 찾아 따라 사는 것입니다. 즉 내가 할 일은 성령으로 내 몸을 다스리고 마음과 뜻과 정성과 목숨을 다하여 하나님을 섬기는 일입니다.

그리고 하나님을 찾는 우리는 이제 그분의 신비를 느껴야 합니다. 그리고 신비하신 분임을 알아야 합니다. 신비를 느끼려면 먼저 자신이 얼마나 무지하며 능력 없는 존재인지를 깨달아야 합니다. 그리고는 그 분명하기 만한 사실을 인정해야 합니다. 나 자신 스스로 아무 것도 모르는 참으로 보잘것없는 존재임을 눈치 채고 깨달아야 합니다.

하나님은 아무도 알 수 없는 영원한 신비입니다. 하나님 아버지가 얼마나 높은지 넓은지 깊은지, 인자 예수를 빼고는 아무도 안 사람이 없었고 또 앞으로도 없을 것입니다.

하나님 아버지의 '스스로 존재하심'을 믿는 것이 사람의 도리입니다.

그 신비와 능력과 절대주권을 어찌 내가 갑론을박하며 따질 수 있겠습니까?

그러기에 사도 바울 같은 이도 이처럼 고백할 수밖에 없었던 것입니다.

"깊도다! 하나님의 지혜와 지식의 풍성함이여! 그의 판단은 헤아리지 못할 것이며, 그의 길은 찾지 못할 것이로다!"(롬 11:33).

이는 자신의 깊지 못함과 자신의 지혜와 지식의 하잘것없음에 대한 깊은 통찰이며 고백이 아니겠습니까?

그리고 그분의 신비와 위대함에 대한 전폭적인 인정이며, 나의 낮춤이 아니겠습니까?

하나님을 그리워하고 사모하는 것이 참된 삶입니다.

오늘도 그분은 전체 그분 안에 있으면서, 그분 밖으로 벗어날 길도 없으면서, 벗어나려고 온갖 꾀를 다 짜내고 있는 나를 안타깝게 지켜보고 계십니다.

"만물이 주에게서 나오고, 주로 말미암고, 주에게로 돌아감이라!"(롬 11:36).

물결

연못 위에 돌을 던지면, 물결이 입니다.
'퐁당' 소리를 내며.
바람이 조금만 세게 불어도…….

연못은 그것이 돌과 바람 때문이라 합니다.
왜 그리 소리를 지르고 화를 내며 출렁거리느냐 물으면, 연못은 늘 돌과 바람 때문이라 하는 것입니다.

연못은 그 근본 원인이 자신에게 있다는 것을 모르고 있는가 봅니다.
아니면 애써 부인하는 것일까요?

돌과 바람이 이미 없어져 보이지 않게 된 후에도, 연못은 아직 스스로를 억제하지 못한 채 한동안 출렁이기를 계속합니다.
아무래도 원인은 연못 자신에게 있어 보입니다.
'퐁당' 하며 역정을 내는 소리나, 한참 동안이나 그치지 못하고 출렁이는 물결의 주인은 연못이니까요.

출렁이는 내 마음의 주인은 나 자신입니다.

"육체의 소욕은 성령을 거스르고 성령은 육체를 거스르나니 이 둘이 서로 대적함으로 너희의 원하는 것을 하지 못하게 하려 함이니라"(갈 5:17).

육체는 영혼의 의지에 따라 순종해야 하는 것입니다. 육체의 움직임은 그로 말미암은 것이어야 합니다.
하지만 아직도 내 마음은 출렁이기를 멈추지 않습니다.
곤고하여라~!

물(H_2O)은 기체(수증기)도 될 수 있고, 고체(얼음)도 될 수 있습니다. 기체나 고체 상태의 H_2O는 돌을 던져도 흔들림이나 출렁임이 거의 없습니다. 수증기는 상대를 포용하기 때문일 테고, 얼음은 자신을 변함없이 굳게 지키고 있기 때문일 터입니다.
하나님께서는 그래서 삼위로 존재하시는 걸까 하는 생각을 해봅니다. 언제라도 하나님이시며, 언제 어디서나 존재하시는 무소부재의 존재이시기 때문에 모든 것을, 아니 어떤 것일지라도 그 모든 것을 포함하며 받아들이시는…….

포식

벌이 포식한 듯싶네요!
다리에 맺힌 꽃가루 뭉치가 무거워 보입니다.

사람도 필요 이상 먹으면 몸도 맘도 무거워지는 건 아닐까요?

과유불급(過猶不及)이라는 고사성어가 있습니다. 지나친 것은

미치지 못한 것과 같다는 뜻입니다.

하나님께서는 이집트를 탈출한 이스라엘 백성들에게 세 가지에 대해 과유불급을 주의하라 하셨습니다.

그것은 '말(馬)'과 '금은'과 '여자'였습니다.

예수님도 내내 같은 말씀을 하시지 않았던가요!

요즘으로 치면 자동차와 재물과 여인들쯤으로 해석할 수 있을 것입니다. 오늘날에도 사람들은 그것들 쌓기에 온 몸과 마음을 쏟아 붓고 있습니다.

과유불급이라는 말은 모든 피조물 중에 오직 사람에게만 해당되는 말입니다. 소는 먹이가 널려있는 초원에 풀어놓아도 결코 과식하는 법이 없지 않습니까!

과하면 몸도 맘도 무거워져 결국 넘어지고 마는 것을…….